Wolf-Dietmar und Ursula Unterweger

DAS HÜHNERBUCH

Wolf-Dietmar und Ursula Unterweger

Das Hühnerbuch

Praxisanleitungen zur Haltung „glücklicher Hühner"

Leopold Stocker Verlag

Graz – Stuttgart

Umschlagfoto: Dr. Wolf-Dietmar Unterweger

Bildnachweis:
Farbfotos: Dr. Wolf-Dietmar Unterweger
Skizzen: Dr. Wolf-Dietmar und Philipp Unterweger
Farbabbildungen der Hühnerrassen: Max Holdenried, Malmsheim; mit freundlicher Genehmigung entnommen aus „Der große Geflügelstandard in Farbe", Verlagshaus Oertel und Spörer, Reutlingen 2000.
Schweizer Hühner (S. 122): Max Holdenried, Malmsheim
Stammbaum der Rassehühner (S. 111): Mit freundlicher Genehmigung von Herrn Wilfried Detering, Bielefeld.

Die Deutsche Bibliothek – CIP-Einheitsaufnahme

Unterweger, Wolf-Dietmar:
Das Hühnerbuch : Praxisanleitungen zur Haltung „glücklicher Hühner" / Wolf-Dietmar und Ursula Unterweger. – Graz ; Stuttgart : Stocker, 2002
ISBN 3-7020-0944-2

Hinweis:
Dieses Buch wurde auf chlorfrei gebleichtem, unter den Richtlinien von ISO 9001 hergestelltem Papier gedruckt.
Die zum Schutz vor Verschmutzung verwendete Einschweißfolie ist aus Polyethylen chlor- und schwefelfrei hergestellt. Diese umweltfreundliche Folie verhält sich grundwasserneutral, ist voll recyclingfähig und verbrennt in Müllverbrennungsanlagen völlig ungiftig.

ISBN 3-7020-0944-2
Layout: Konzeption: Dr. Wolf-Dietmar und Ursula Unterweger
Ausführung: Herbert Pointinger
Gesamtherstellung: Gorenjski Tisk, Kranj

Inhalt

Mancher gibt sich viele Müh'
mit dem lieben Federvieh.
Einesteils der Eier wegen,
welche diese Vögel legen.

Zweitens: Weil man dann und wann
einen Braten essen kann.

Drittens aber nimmt man auch
ihre Federn zum Gebrauch.
In den Kissen und den Pfühle,
denn man liegt nicht gerne kühle.

Wilhelm Busch

Die Alternative zur Käfig- und Massentierhaltung ist das eigene Huhn im Garten

Eigene Hühner im Garten vor oder hinter dem Haus zu halten, ist für viele Menschen ein Wunschtraum, den sie aus unterschiedlichen Gründen bisher nicht verwirklicht haben oder vielleicht auch nicht in die Tat umsetzen können, da gewisse (Lebens-)Umstände dies nicht zulassen.

Um die Entscheidung für das eigene Huhn im Garten leichter zu machen, wollen wir uns zunächst noch einmal an glückliches Hühnerleben im „Großelternland" erinnern. Die Lebensumstände heutiger Hühner haben sich nämlich gegenüber früher – mit Ausnahmen – drastisch geändert.

Wenn in der Wiese das Gras wachsen darf, braucht man keine Zusätze von Vitaminen im Futter. Eine solche Wiese erhält Hühner gesund und leistungsfähig.

Bis vor wenigen Jahren gehörten Hühner wie selbstverständlich zum äußeren Erscheinungsbild eines Bauernhofes. Dort hatten sie frische Luft und viel Platz, um sich entfalten zu können. Heute ist es jedoch nicht mehr so leicht, hinter Hecken und Zäunen freilaufendes Federvieh zu entdecken. Allein schon dadurch, daß es Hecken und die mit Holzlatten bewehrten Zäune nicht mehr gibt. Der Fortschritt hat den Hühnern den Lebensraum genommen. Ihr angestammter Bauernhof, ein Ort der Behaglichkeit und friedlicher Lebensgemeinschaft, hat dem modernen Agrarbetrieb Platz gemacht. Die ursprüngliche Form der Legehennenhaltung, die traditionelle Hahn-Hennen-Gemeinschaft in kleiner Zahl, lebt bald nur noch in der Erinnerung fort; eine Form, die seit Jahrhunderten unverändert blieb und ganz selbstverständlich und natürlich war.

Tagsüber verließen die Tiere den Stall und streiften im Hof umher. In den angrenzenden Obstbaumwiesen, in der Tenne, auf dem Misthaufen suchten sie sich einen Teil des Futters selbst. Der Tisch war üppig und vielfältig gedeckt. Als Allesfresser fanden sie Samenkörner von Wildkräutern, die zu Großmutters Zeiten noch reichlich im Hofraum und in dessen Umgebung wuchsen. Würmer wurden als Delikatesse besonders gern verspeist. So mancher Regenwurm wurde aus dem Erdreich gezogen und unter lautem Gegacker sogleich verschlungen. Oft war das Gezanke besonders groß, denn vom Teilen hielten die Hennen nicht viel. Anders der Hahn, der all seine Hennen auf seine Entdeckung aufmerksam machte und sie förmlich zum Verspeisen des Fundes einlud.

Trotz der stetigen Suche nach Futter, von morgens bis abends, bekamen sie den Kropf nicht voll genug. Die Bäuerin brachte noch Essensreste hinaus, streute mindestens zweimal am Tag eine Schüssel voll Weizenkörner auf den hartgetretenen Vorplatz des Hühnerstalles. An leeren Eierschalen hatten sie ganz besonders große Freude. Diese wurden im Nu aufgepickt; der darin enthaltene Kalk sollte weiterhin festschalige Eier garantieren.

Im natürlichen Rhythmus wuchsen die Hennen und Hähne völlig ungestreßt zu glücklichen Tieren heran. Sie durften ihre angeborenen Verhaltensweisen voll ausleben. Es waren Hühner, die ihre naturgemäßen Bedürfnisse, wie Nahrungsaufnahme, Lege-, Brut-, Staubbade-, Ruhe- und Schutzverhalten, artgemäß befriedigen konnten. Bei Regen, Hitze und Kälte, bei fast jeder Witterung kamen sie aus dem Stall. Waren die Witterungsverhältnisse einmal ganz extrem, so fanden sie in der Tenne oder im Kuhstall Zuflucht.

Es waren Hennen und Hähne, die noch gackern und krähen durften, wie ihnen der Schnabel gewachsen war.

Hühnerleben im Großelternland findet heute fast nur noch auf Bildern, die uns in (Kinder-)Büchern, Kalendern und in der Werbung für Tierprodukte gezeigt werden, statt. Glückliche Hühner – glücklich, weil ihnen das Recht auf ein naturgemäßes Verhalten, auf ein natürliches Leben, nicht vorenthalten wurde.

Die Bilder in diesem Buch zeigen noch glückliche Hühner. Doch mit welchem Recht haben wir ihr glückliches Leben zerstört? „Wer oder was", um mit den Worten von Astrid Lindgren zu sprechen, „zwingt denn die tierfreundlichen Bauern dazu, eine derartige legale Tierquälerei mitzumachen?" Sie liefert die Antwort gleich mit: „Gewinnerzielung ist das Schlüsselwort! Es ist die Gewinnerzielung, die so große Opfer erfordert und aus jeder Produktionseinheit mehr und mehr herausholen will."

Das Hühnerleben heute findet in Legefabriken statt, also nicht mehr auf dem traditionellen Bauernhof, einem Familienbetrieb, wenn es auch in manchen Ländern einen gewissen Prozentsatz an Ausnahmen gibt. In der Schweiz und in Schweden ist die Käfighaltung erfreulicherweise gänzlich verboten. In Österreich und in anderen EU-Ländern sind Bestrebungen im Gange, die Käfighaltung ebenfalls zu verbieten. In Deutschland ist sie ab dem Jahre 2007 verboten.

In diesen Legefabriken leben Hühner, an deren Stalltür „Zutritt verboten" steht, deren Stallungen fensterlos sind, die in Schuppen und Hallen zu Hunderten, oft zu Tausenden, in Legebatterien sogar zu Hunderttausenden auf engstem Raum, in erzwungener Bewegungslosigkeit zusammengepfercht, zu Legemaschinen degradiert, dahinvegetieren. Es sind verheerende „Lebens"-Umstände: Ein Leben lang auf unnatürlichen Gitterrosten, angeborene Verhaltensweisen unterdrückt, dadurch andauernde Gesundheitsstörungen. Ventilatorenlärm, niemals frische Luft und Sonne, ständiges Einatmen eigener Dunggase – das versteht man unter der heutigen Hühnerhaltung.

Bedauerlicherweise werden immer noch zu viele Tiere in Massen gehalten, wenn nicht im Käfig, so doch in der Bodenhaltung bei künstlichem Licht. Aber auch die Haltung von 3.000 Tieren im freien Auslauf ist nicht artgemäß.

Doch erfreulicherweise ist die Verbannung der Hühner noch nicht bei allen Bauern die Regel. Vereinzelt hat sich noch eine Bauernhofidylle jenseits aller Agrarindustrie bis in unsere heutige Zeit hinübergerettet. Dort trifft man diese kleine Hühnerhaltung als ein Relikt vergangenen Landlebens noch an. Ein stolzer Gockel schreitet mit seiner Hühnerschar über den Hof und kräht vom Misthaufen herab. Trotz allem, der Hahn ist nicht zu beneiden. Er hat seine Hühnerschar beisammenzuhalten und muß darauf achten, daß die Hackordnung, die Rangordnung, nicht aus den Fugen gerät. Nur bei artgerechter Haltung im Freilauf kann er als Hüter und Wächter des Hühnervolkes seine wichtige Funktion in der Hühnergesellschaft pflichtbewußt erfüllen. Er sorgt für Frieden und Ausgleich innerhalb seiner zänkischen Hennen, auch zwischen ihm und den Hennen, und verteidigt diese und sich selbst gegen Feinde von außen. Unangefochtener Herrscher ist er aber nur, wenn er sich in der sozialen Hierarchie seiner Hühnerschar aufgrund seiner körperlichen Überlegenheit auch wirklich durchgesetzt hat. Dann erst ist er im wahrsten Sinn des Wortes „der Hahn im Korb". Der soziale Frieden ist unter Hühnern erst wirklich hergestellt, wenn der Hahn mit von der Partie ist. Er ist also bei weitem mehr als nur Zierde und ein unnötiger Fresser auf dem Hühnerhof.

Ihn wegen seines Krähens vor Gericht zu zitieren, um ihm dieses zu untersagen und abzugewöhnen, oder ihn gar von seiner Hühnerschar zwangszuverbannen, bedeutet mehr als nur eine empfindliche Störung der sozialen Ordnung im Hühnervolk, das sollten die Herren Richter bei ihrer Rechtsprechung mitbedenken. Kirchenglocken dürfen in der Frühe nicht mehr zum Tagwerk rufen, Kuhglocken nicht mehr Kurgäste wecken, Kühe auf der Dorfstraße nicht mehr zur Weide getrieben werden, und auch den wenigen im Dorf noch verbliebenen Hähnen will man das Krähen verbieten. So weit sind wir auf dem Land gekommen.

Hühner und Hähne haben aber auch noch andere Lebensbedürfnisse. Sie sorgen auf natürliche Weise für Nachkommen. Auch dazu ist es notwendig, daß die Hühner ihren Hahn haben. Der Hahn lebt polygam. Er liebt es, und die Hennen akzeptieren es, daß er der Herr über 10 bis 15 Hennen ist. Wenn die Schar größer ist, besteht die Gefahr, daß nicht alle Eier befruchtet werden. Eier legen die Hühner nicht, um die Ernährung des Menschen zu bereichern, sondern zur Erhaltung ihrer Art. Um aber die Eier ausbrüten zu können, muß für die Hennen eine Vielzahl äußerer Faktoren zusammenkommen, daß die Lust, besser gesagt das Bedürfnis, am Brüten ausgelöst wird. Je mehr man die Hühner ihr Leben selbst bestimmen läßt, desto größer wird die Wahrscheinlichkeit, daß die Brutlust in den Monaten April bis August in ihnen auch erwacht.

Nach der Eiablage bleibt die Henne, die typische Glucklaute von sich gibt, immer länger auf dem Nest sitzen. Hat sie 12 bis 15 Eier gelegt, das sind so viele, wie sie im Nest mit ihrem Gefieder abdecken und warm halten kann, dann ist bei einer gleichbleibenden Körpertemperatur von 38 bis 40 Grad das Wunder nach 21 Tagen vollendet. Aus den Eiern schlüpfen flaumige Küken. Für sie ist es ein Stück harter Arbeit, bis sie die Schalen mit ihrem Eizahn, einem harten Höcker am Oberschnabel, aufgebrochen haben. Die Überraschung ist besonders groß, wenn die Henne die Eier nicht im Hühnerstall ausgebrütet hat, sondern heimlich im Reisighaufen oder im Heustock, und wenn sie Wochen später mit einer Schar kleiner Küken aufmarschiert. Bei tieferen Temperaturen, bei Regen oder in der Nacht finden die kälteempfindlichen Küken unter den Fittichen der Glucke genügend Wärme, aber auch Schutz vor Feinden.

Aus den anfangs possierlichen Tierchen sind nach wenigen Wochen stattliche Hühnerhofbewohner geworden, die scharrend und pickend den ganzen Tag über mit der Glucke von einer Ecke zur anderen unterwegs sind. Die Kleinen werden von ihr so lange geführt, bis sie eines Tages selbständig sind. Sie entfernen sich bei der Futtersuche immer weiter von ihr, um dann, von einer

Eine bunte Blumenwiese ist der Garant für ein glückliches Hühnerleben.

Minute zur anderen, mit heftigen Schnabelhieben von der Mutter verstoßen zu werden. Die heranwachsenden Tiere müssen ihr Leben von jetzt an selbst organisieren. So jedenfalls hat die Natur die Vermehrung und die artgerechte Entwicklung des Federviehs geplant. Nun beginnt auf dem Bauernhof der Kreislauf des Hühnerlebens von neuem.

Wenn es Abend wird im Großelternland, sammeln die Kinder die gelegten Eier von den Nestern ein und scheuchen das im Obstgarten aufgebaumte Hühnervolk, das sich vor Füchsen, Mardern und Iltissen in Sicherheit gebracht hat, nach dem Motto „Mancher gibt sich viele Müh' mit dem lieben Federvieh" von den Schlafbäumen in den Hühnerstall. So endet mit der hereinbrechenden Dunkelheit der Hühneralltag zu Großmutters Zeiten.

In unserer Erinnerung ist der Bauernhof ein angenehmer Ort lebendiger und gesunder Vielfalt. Dort führen die Hennen und der Hahn in kleinen Scharen ein zufriedenes Leben. Sie können im Freien umherlaufen, aber auch unter Bäumen oder im Stall vor den Unbilden des Wetters Schutz finden.

Eine Hühnerschar, bewacht von einem stolzen Hahn, die irgendwo herumscharrt und -pickt, versorgt mit Frischfutter und Körnern; ihre Eier legen einen kurzen Weg bis zum Verbraucher zurück: Direkt auf den Tisch der Bauernfamilie, zum Nachbarn, ins Nachbardorf oder zum Markt in die nächste Stadt. Denselben Weg nehmen die geschlachteten Hennen und der Gockel bis zum Kochtopf und in die Bratpfanne. Zu Großmutters Zeiten also ein geringer Energieverbrauch für die Hühnerhaltung und -verwertung. Anders dagegen verhält es sich in der Massentierhaltung. Ein hoher Energieverbrauch und Materialeinsatz ist dazu erforderlich.

Kurzum, die Hühner im Großelternland können sich artgemäß entfalten. Sie erhalten Grün- und Frischfutter, dem keine Antibiotika zugesetzt werden müssen. Auch ihre Eidotter bedürfen keiner künstlichen Farbstoffe zur Gelbfärbung. Die Hennen legen Eier mit fester Schale, die mehr Vitamine enthalten als jene der Batteriehühner. Und darüber hinaus haben diese Eier auch eine stärkere, intensivere Auraausstrahlung als solche aus Legebatterien und der Massentierhaltung, wie das Max-Planck-Institut in Kaiserslautern (mit hochsensiblen Strahlungsmeßgeräten) festgestellt hat.

Durch Rangordnungskämpfe zur Aufrechterhaltung der Hackordnung angestaute Energien lassen sich auf natürliche Art und Weise durch freie Bewegungsabläufe rasch abbauen. Geselliges Tierleben, in normal entwickelter Hackordnung, die fest etabliert ist, wird durch dieses „Im-Freien-Leben" garantiert.

Auch wenn über die Massentierhaltung, insbesondere Hühnerhaltung in Legebatterien, schon viel geschrieben worden ist, soll dennoch auch an dieser Stelle auf das Wesentliche noch einmal eingegangen werden.

Es handelt sich hier um eine industrielle Massentierhaltung, um Käfighaltung von Hennen, die zweifellos extremste Art der Nutztierhaltung. Vier oder auch fünf Hühner werden in einem Drahtkäfig zusammengepfercht. Nach EU-Bestimmungen werden pro Henne 450 cm² verlangt, was einer Fläche von etwas mehr als zwei Dritteln eines DIN-A4-Blattes entspricht. Das ist so viel, wie ihr eigener Körper einnimmt. 14 Zentimeter breiten Tieren stehen zehn Zentimeter Platz am Futtertrog zum Fressen zur Verfügung.

Die Käfige sind übereinander und in langen Reihen nebeneinander aufgestellt. Der Fußboden besteht aus einem weiten Drahtrost. Den ganzen Tag stehen die Hühner auf zwei Millimeter dünnen

Drähten, dadurch sind Füße und Sehnen einem andauernden Spannungs- und Krampfzustand ausgesetzt. Das Gitter hat außerdem noch ein Gefälle, damit die Eier nach vorne abrollen können. Daß dadurch Gelenke, Muskeln und Sehnen mit der Zeit überbeansprucht werden und schmerzen, dürfte jedem einleuchten.

Die Hennen lärmen, sind hysterisch und schreckhaft. Federpicken und Kannibalismus, in der Sprache der Hühnerproduzenten als „Unarten" heruntergespielt, treten ebenfalls auf. Es handelt sich, wohlgemerkt, um keine Unarten, sondern um das Ergebnis von Streß, herbeigeführt durch Langeweile, Überfüllung, Mangel an Platz zum Fressen, unausgewogene Ernährung, Wasser-knappheit und Insektenplage über dem mehrere Wochen oder Monate im Stall liegenbleibenden Kot. Weitere Faktoren beeinträchtigen die Gesundheit der Hühner und lassen sie leiden: Ständiges Drängeln, keine Möglichkeit für Flügelschlagen, Schwanz- und Körperschütteln oder Flügel-Bein-Strecken, kein Scharren und Sandbaden.

Alle Instinkthandlungen sind mehr oder weniger gestört. Das ganze Fortpflanzungsverhalten, das Paarungsverhalten, Nestbau, Eiablage und Brutverhalten einschließt, ist blockiert – bis auf die Eiablage. Das Eiablegen im Käfig erfolgt durch Streß. Hühnerkannibalismus ist bei Boden- und Auslaufhaltung mit extrem hoher Besatzdichte an der Tagesordnung. Die Aufzählung krankheits-auslösender Störungen könnte weiter fortgesetzt werden. Das Ergebnis sind kahle, federlose Stellen am ganzen Körper, insbesondere an Hals, Bauch und After. Wie schon teilweise gerupft stehen die Hühner in ihren Käfigen herum. Die Gabe von Medikamenten erhält sie am Leben, kann für den Verbraucher aber auch gesundheitliche Risiken mit sich bringen.

Nach 18 bis 24 Monaten ist alles vorbei. Die Tiere sind zu nichts anderem mehr zu gebrauchen als für Geflügelpastete oder Hühnersuppe. Rückstände von Antibiotika, Hormonen und anderen Arzneimitteln im Fleisch von Schlachttieren belasten den menschlichen Organismus über Gebühr, was zu gesundheitlichen Störungen und ernsthaften Erkrankungen führen kann. Des weiteren kommt es durch die intensive Geflügelhaltung infolge von hohem Energiebedarf, Einsatz von Chemie und übermäßigem Gülle- und Kotanfall zur schädigenden Belastung der Umwelt.

Nach alldem, was wir hier erfahren haben, sollte es einem leichtfallen, sich nach dem Motto: „Manchmal ist der Weg zurück ein großer Fortschritt – ich esse diese Eier nicht – nein, Käfigeier eß' ich nicht" für das eigene Huhn im Garten zu entscheiden.

Sinn und Zweck dieses Buches ist also, sich für eine natürliche Hühnerhaltung zu engagieren, die Voraussetzungen zu schaffen für einen ethisch vertretbaren Umgang mit den Mitgeschöpfen. Angesprochen sollen sich die Personen fühlen, die sich in Wort und Tat für den Tierschutz engagieren. Die natürliche Hühnerhaltung in kleinen Stückzahlen ist die Antwort auf die Massen-tierhaltung im Freiland, im Käfig oder auf dem Stallboden. Diese drei Haltungsformen entsprechen nicht dem Drang der Hennen und des Gockels, sich in kleinen Herden zu organisieren. Federtiere wollen Eier legen – so viele, wie sie im Nest bedecken können – und danach ihre Küken hudern und im Garten führen können. Diese Art der Vermehrung ist Teil des großen Schöpfungsplanes und sollte von Hühnerhaltern nicht aus den Augen verloren werden.

Hühner in einem ländlichen Garten, in dem es noch eine lebensvolle Idylle gibt:
Plätze zum Scharren und Picken im Schatten eines Baumes, am Zaun, entlang einer Hecke,
auf der Wiese.

Hühnerhaltung in Stadt und Dorf – Der Hühnergarten

Jedermann – sei es der Haus- oder Schrebergartenbesitzer, der Beamte oder der Landwirt, die Mutter und Hausfrau oder der Akademiker, ebenso wie der Rentner und Invalide, nicht zu vergessen die Kinder – kann sich in größerem oder kleinerem Umfang mit der Hühnerhaltung befassen. Dadurch erhält sie neben ihrer volkswirtschaftlichen eine hohe soziale Bedeutung.

Der eine hat als Ziel die Rassegeflügelzucht, um ausschließlich Rassetiere von vollendeter Schönheit zu schaffen. Er betreibt Zucht auf Federn, Kamm, Farbe, Haltung, Form und läßt die Legeleistung und

Zu einer artgerechten Hühnerhaltung gehört der Hahn. Er sorgt für Frieden, Ausgleich und vor allem auch für Nachkommen.

den Fleischansatz außer acht. Der andere hat Freude im Umgang mit Hühnern in seinem näheren Wohnumfeld.

Dieses Buch richtet sich in der Hauptsache an die dritte Spezies von Menschen, jene, die Hühner halten wollen, um ihnen ein glückliches, artgerechtes Leben zu ermöglichen; um ihnen den Weg in die Legebatterien und in die Massentierhaltung, als Legehenne und Masthähnchen, zu ersparen. Darüber hinaus gewährleistet diese Art der Hühnerhaltung den Erhalt von wohlschmeckenden Eiern sowie auch Fleisch, sofern die Tiere frei umherlaufen dürfen und mit unbelastetem Futter versorgt werden. Nicht die Zucht auf Leistung bezüglich Eiern und Fleischmenge ist also Anliegen dieses Buches. Es möchte möglichst viele Menschen, die Gärten und kleine Landflächen zur Verfügung haben, dazu animieren, ein Stück Land- bzw. Gartenfläche, und seien es nur ein paar Quadratmeter, für eine naturverträgliche, tierschutzgerechte Hühnerhaltung zu verwenden. Es soll die entsprechende Hilfestellung geben, dies mit Erfolg umzusetzen.

Ein nicht minder wichtiges Anliegen dieses Buches ist darüber hinaus, viele Menschen davon zu überzeugen, daß es von großer Bedeutung ist, sich für die Zucht und das Erhalten von Rasse-

hühnern zu engagieren; insbesondere für solche, die auf der Liste der GEH (Gesellschaft zur Erhaltung alter und gefährdeter Haustierrassen), der PSR (Pro Specie Rara) und des VEGH (Verein zur Erhaltung gefährdeter Haustierrassen) stehen.

Natürlich, das muß hier deutlich angemerkt werden, ist es für einen Tierschützer leichter, sich in Wort und Bild für Tiere einzusetzen, als die Ideen und Ziele in die Praxis umzusetzen.

Da aber die Hühner eine hohe Anpassungsfähigkeit an ihre Umgebung zeigen, ist es in der Tat einfach, sie zu halten. Dies kommt den Tierschützern bei der Umsetzung ihrer Forderungen in der Praxis sehr entgegen. Nicht umsonst wurden Hühner weltweit über Jahrhunderte in verschiedensten Kulturen als Haustiere gehalten, nicht nur

Für die Hühnerhaltung ist der Zaun unerläßlich.

von seßhaften Menschen, sondern auch von Nomaden. Die Bilder von Hühnern in Körben, auf Kamelrücken oder frei am Sattel eines Esels hängend, sind uns aus zahlreichen Filmen über Karawanen bekannt.

Die Hühnerhaltung hat generell hauptsächlich drei Ziele: die Gewinnung von Eiern, die Erzeugung von Fleisch und die Züchtung rassespezifischer Tiere.

Bevor man sich mit der Anschaffung einer bestimmten Hühnerrasse und der Stückzahl beschäftigt, sollte selbstverständlich vorher abgeklärt werden, ob die Haltung von Hühnern im Garten grundsätzlich auch erlaubt ist. Wohnt man in Miete, so ist der Vermieter zu fragen. Auch die Gemeinde- bzw. Stadtverwaltung ist dahingehend zu Rate zu ziehen. Ein Gespräch mit den Nachbarn bzw. mit den übrigen Hausbewohnern ist dringend angeraten, damit diese nicht vor den Kopf gestoßen werden. Es ist in jedem Fall ratsam, das Einverständnis dieses Personenkreises einzuholen, bevor man sich Geflügel anschafft. Um Ärger und Streit zu vermeiden, ist es von Vorteil, wenn man sich die Einwilligung schriftlich geben läßt. Immer wieder werden von lärmempfindlichen Personen die Gerichte angerufen, die über die Hühnerhaltung Recht zu sprechen haben. Manch ein Gericht hat die Hühnerhaltung verboten, zumindest die Beseitigung des Gockels bewirkt.

Ohne Zaun kein Garten

Die Nützlichkeit und Notwendigkeit des Gartenzaunes war bereits für unsere Vorfahren von zentraler Bedeutung. Seit alters her war es wichtig, daß die Einzäunung dicht und erkennbar war. Schweine, Wild, aber auch fremde Menschen, Kinder und Nachbarn mußten von unbefugtem Betreten abgehalten werden.

Auch heutzutage bringt der Gartenzaun trotz gegenteiliger Meinungen Schutz für die Hühner und Frieden mit dem Nachbarn, zumindest wenn dieser bei der Planung und Realisierung mit einbezogen wird. In der Vergangenheit häufig anzutreffende Zäune eignen sich heute zur Einfriedung des Hühnergartens: der Steckzaun, der Staketen- oder Hanichlzaun, der Stangenzaun und, nicht zu vergessen, Trockenmauern, wie es sie im Alpenland, in Mittelgebirgsregionen oder auch in der Lüneburger Heide gibt.

Natürlich gibt es noch andere hölzerne Zaunkonstruktionen, die sich zur Umzäunung des Gartens, im besonderen des Hühnergartens, eignen.

Es würde zu weit führen, hier auf die schönen alten Zaunformen – in Österreich, in der Schweiz und in Deutschland dürfte es zwei Dutzend verschiedene Arten geben – näher einzugehen. Sie sind teilweise sehr aufwendig herzustellen. Aber der eine oder andere dieser Zäune hat im Dorfbereich auch heute noch seine Berechtigung – ist er doch schön anzuschauen und entspricht der von Umweltschützern geforderten Verwendung von in der näheren Umgebung erzeugten Materialien. Auch ist er ökologisch wertvoll.

Auf einen Typ soll hier dennoch näher eingegangen werden: den Staketen- oder Hanichlzaun, der sich aus dem Flechtzaun entwickelte und diesem an Schönheit und Nutzen kaum nachsteht. Dieser traditionelle Zaun ist einfach, natürlich und billig zugleich, er paßt in ländliche Gegenden am besten und eignet sich für die Haltung von Hühnern ebenfalls gut. Vielerlei Holzarten können hierfür verwendet werden: Fichte, Lärche, Zirbe, Föhre und Tanne.

Ist die Entscheidung zugunsten des Staketenzaunes gefallen, so muß man noch wissen, ob eine kleine, mittelschwere oder schwere Hühnerrasse angeschafft wird. Je bewegungsfreudiger die Hühner sind, d. h., wenn sie Flugeigenschaften aufweisen, desto wichtiger ist es, daß sie am Überfliegen des Zaunes gehindert werden. Dies erreicht man in den meisten Fällen, wenn der Zaun mindestens 1,30 m hoch ist. Dennoch schaffen „gute Flieger" auch diese Höhe ohne weiteres. Für Appenzeller Spitzhauben, vor allem wenn sie heranwachsen, sollte der Zaun mindestens 2 m hoch sein. Ist der Auslauf aber groß genug, bietet er sehr viel natürliche Abwechslung, und werden die Hühner mit ausreichendem Futter versorgt, dann gibt es für sie kaum einen Grund, zum Nachbarn hinüberzufliegen, um auf seinem kahlgeschorenen Rasen umherzuspazieren. Anders sieht es natürlich aus, wenn es im Nachbargarten vor Regenwürmern nur so wimmelt, dann sind die Hühner nicht mehr zu halten.

Zur Herstellung:
Man nimmt 1,60 m lange Pfähle aus einer der besagten Holzarten. Am billigsten sind jene aus Fichte, sie erfüllen ihren Zweck vollauf. Das Faulen des Holzes an der Übergangsstelle zwischen Erdreich und dem Freien verhindert man, wenn, einer alten Bauernregel gemäß, der halbe Pfahl von unten her einen Zentimeter tief angekohlt wird. Man dreht ihn langsam in einem schwachen Feuer. Er darf dabei jedoch nicht brennen. Verwendet werden sollte chemisch unbehandeltes Holz oder zumindest solches, welches mit grundwasserunschädlichen Mitteln behandelt worden ist.

Die schräg angesägten Pfosten setzt man tiefer als die senkrechten Latten, befestigt daran die Querlatten und nagelt an diese die zugespitzten Latten beziehungsweise Hanichl (junge Fichten- oder Tannenstämmchen mit einem Durchmesser von ca. 3 cm). Als Zaunpfosten können auch Sandsteinsäulen mit quadratischem Querschnitt (etwa 15 bis 20 cm) verwendet werden. Die Querhölzer werden in seitlich eingehauenen Vertiefungen eingehängt. Anstatt Staketen oder Hanichl kann man auch 1,30 m lange, zugespitzte, eine Handspann breite Bretter aneinanderreihen.

Ein optimaler Auslauf ist ein auf die Bedürfnisse der Hühner ausgerichtetes Biotop.
Dazu gehört, daß die Fläche reich strukturiert ist.

Im übrigen können Halbhölzer, geschnittene Latten (Dachlatten), Bretter oder sogenannte Schwarten, die äußeren Bretter, die von einem Baumstamm abgesägt werden, auch als Staketen bezeichnet, ebenfalls zum Zaunbau verwendet werden. Die Latten sollten möglichst naturbelassen sein.

Wenn man das Holz vor allzu schnellem Faulen schützen oder dem Zaun durch eine Farbe ein anderes Aussehen geben möchte, so nimmt man natürliche, umweltfreundliche Holzbehandlungs- bzw. -anstrichmittel, wie sie im Handel seit geraumer Zeit angeboten werden. Ob man den alten Volksglauben beherzigen will, daß Zäune bei abnehmendem Mond zu setzen sind, weil sie dann angeblich dauerhafter sind, ist einem selbst überlassen.

Normalerweise ist man nur knie- oder halbhohe Staketenzäune gewohnt, und es überrascht, daß diese früher mindestens 1,5 m, gebietsweise fast 2 m hoch waren. Man kann sich davon überzeugen, wenn man nach Thüringen und Sachsen fährt. Dort sind solch alte Zäune noch in großer Zahl zu bestaunen.

Gräser, Kräuter, Blumen und Büsche läßt man als Begleitflora am Gartenzaun stehen. Man gibt den Pflanzen eine Chance, sich mit dem Zaun zu verbinden. Als Unkräuter können auch Sträucher und Heckengehölze der heimischen Flora, wie z. B. Wildrosen, Weißdorn und Schlehen, gepflanzt werden. Beerentragende, dornen- und stachelbewehrte Arten sollten im Sinn des Vogelschutzes bevorzugt werden. Es ist allerdings darauf zu achten, daß giftige Beeren nicht in die Hände und schon gar nicht in den Mund von Kindern gelangen.

Wenn das Gelände eine Mauer zum Abstützen des Erdreiches erforderlich macht, dann errichtet man eine Trockenmauer, eine Mauer ohne Mörtel, durch lockeres Aufschichten von unterschiedlich großen Steinen. Sie läßt durch Lücken und Nischen vielfältiges Leben aufkommen – Eidechsen und andere seltene Kleintiere und Pflanzen, die durch das Verschwinden von Lesesteinwällen in der Natur ihre Lebensräume eingebüßt haben. Wenn nötig, dann wird auf die Trockenmauer der Zaun gesetzt.

Es ist empfehlenswert, sich bezüglich landschaftstypischer, ökologischer Zaunvarianten in Bauern- oder Freilichtmuseen umzusehen, um sich dort weiteren Rat einzuholen. Ob der Zaun nur für die Hühner errichtet oder um das ganze Grundstück gezogen wird, ist primär eine Frage des Geldes. Das Weglassen des Zaunes um das Grundstück mag theoretisch Vorteile haben. Allen neuzeitlichen Bestrebungen zum Trotz, sollte ein Zaun errichtet werden. Nur ein eingezäunter Garten kann das Gefühl eines geschützten Paradieses vermitteln.

Für die Hühnerhaltung ist der Zaun – von einigen Ausnahmen abgesehen – unerläßlich. Mit dieser empfohlenen Variante hat man Schutz und Geborgenheit geschaffen und den Zaun harmonisch, unter Gesichtspunkten der Ökologie und der Nachhaltigkeit, in die Umgebung eingegliedert.

Die vielen Zaunarten sind unvollständig, wenn nicht auch der Maschendrahtzaun als eine weitere Möglichkeit erwähnt wird. Ihn gibt es in vielen Ausführungen, engmaschig, weitmaschig, in verschiedenen Stärken, verzinkt oder auch mit PVC überzogen. Auf die Verwendung von letzterem sollte man aus Gründen des Umweltschutzes verzichten. Der Maschendrahtzaun wird auch in unterschiedlichen Höhen angeboten. Er eignet sich selbstverständlich vorzüglich zur Eingrenzung des Hühnergartens. Da er aber optisch den Garten nicht aufzuwerten vermag, sollte er nur in Ausnahmefällen zur kompletten Umfriedung eingesetzt werden. Ist dies unumgänglich, so sollte er zumindest von beiden Seiten bepflanzt werden. Durch das Einwachsen von Strauchwerk verschwindet er dann im Hintergrund. Bloßer Maschendraht hat etwas Provisorisches an sich und sieht immer nach einer Übergangslösung aus. Kapuzinerkresse, Zaunwinden, Clematis und Kletterrosen helfen, ihn zu verschönern. Daß ein Maschendrahtzaun auch nicht viel länger hält als ein Zaun aus Holz, dürfte bekannt sein.

Einen 50 cm hohen, engmaschigen Maschendraht kann man auch mit dem Holzzaun verbinden, damit die Küken daran gehindert werden, zwischen den Latten durchzuschlüpfen. Selbstverständlich kann man auch ein paar waagrechte Bretter anbringen. Sie sind leicht auszutauschen und auf alle Fälle eine bessere Lösung als ein Betonsockel.

Durchaus seine Berechtigung hat der Maschendraht innerhalb des Grundstücks. Er läßt einen nahezu freien Blick auf die Hühner zu. Und wer Hühner liebt und an ihrem Anblick Freude hat, braucht auf diese Weise nicht erst das Hühnerareal zu betreten.

Es ist bei all den möglichen Varianten darauf zu achten, daß der Zaun stilistisch zum Haus paßt und sich harmonisch in die nähere Umgebung einfügt. Man sollte sich auch trauen, schöne alte, traditionelle Zäune zu errichten. Solch ein Zaun findet auch Bewunderer und Nachahmer, und so kann man zu einer Veränderung und Aufwertung des Dorf- bzw. Stadtbildes beitragen. Ein Drahtgeflechtzaun ist bestimmt keine Zierde und hilft, wie so mancher einfallslose Garten- und Vorgartenzaun, nicht, das Bild Ihrer Wohnumgebung zu verschönern.

Es versteht sich von selbst, daß ein Zaun nach einer gewissen Zeit immer wieder auf seinen Zustand hin überprüft werden muß. Sei es auf seine Dichtheit, um das Hindurchschlüpfen der Hühner zu verhindern, oder darauf, daß er nicht allzu schnell infolge feuchter Witterung durch Fäulnis bzw. Rost Schaden nimmt. Eine gute Pflege zahlt sich aus, da der Zaun länger hält.

Zur Behandlung der Zäune empfiehlt es sich, umweltfreundliche Mittel zu verwenden, sofern sich die Farbe im Lauf der Zeit langsam zersetzt hat oder ausgebleicht ist. Gekaufte Pfosten sind in der Regel unter hohem Druck konserviert, so daß für das Holz eine lange Lebensdauer garantiert werden kann.

Rost läßt sich mit einem Rostumwandler entfernen bzw. mit Öl oder ölhaltiger Farbe dauerhaft fernhalten.

Abgefaulte Pfosten lassen sich als Übergangslösung mit einem kürzeren Holzpfahl durch Draht oder Nägel verbinden. Dadurch läßt sich ihre Lebensdauer verlängern, und man kann darüber hinaus Kosten für eine Neuanschaffung sparen. Maschendraht muß hin und wieder nachgespannt werden. Die Scharniere von Türen müssen ab und zu geölt werden. Damit Regen und Frost die Pfosten nicht von oben schädigen, ist es angebracht, diese mit einem Blech bzw. Holzbrettchen vor den Unbilden der Witterung zu schützen.

Die Gartenfläche

Es gibt unterschiedliche Meinungen über den Flächenbedarf einer Henne bei artgemäßer Haltung. Man sollte nur so viele Hühner auf einer Grasfläche halten, daß der Grasbewuchs nicht Schaden nimmt und nicht gänzlich bis auf die Grasnarbe abgeweidet wird. Das Gras sollte Jahr für Jahr nachwachsen. Eine grünlandsoziologische Gemeinschaft aus verschiedenen Gräsern und Kleearten schützt den Boden. In ihm lebende Tiere dienen den Hühnern als Nahrung und erhalten sie dabei gesund. Ein optimaler Auslauf ist nicht nur eine eingezäunte Fläche, sondern ein auf die Bedürfnisse der Hühner ausgerichtetes Biotop. Dennoch ist ein freier Auslauf auf einer kahlen Fläche immer noch besser als ein Leben im Käfig.

Welche Fläche nun eine Henne wirklich braucht, um sich artgerecht entwickeln zu können, darüber sind sich die Experten nicht ganz einig. Die einen gehen von einer Fläche von 10 m² aus, andere sind der Meinung, daß eine Henne einer großen Rasse eine Fläche von 20 m² benötigt, um sich optimal entwickeln zu können. Nun ist es aber nicht so, daß der Flächenbedarf pro Tier mit der Anzahl von Tieren, die gehalten werden sollen, zu multiplizieren ist, um die Gesamtfläche für alle Tiere zu erhalten. Es gibt keine direkte Proportionalität zwischen der Anzahl der Tiere und dem Platzbedarf. Wenn die Fläche sich nach oben hin erweitern läßt, dann sollten drei großen Hühnern 30 m² angeboten werden, vier bis acht Hühnern sollte eine Fläche von 80 m² zur Verfügung stehen. Ein Dutzend Hühner fühlen sich auf 120 m² gerade noch wohl. Mehr Fläche wäre allerdings besser. Für ca. 20 Hühner sollte die Auslauffläche mindestens 400 m² betragen.

Ein weiterer Faktor bestimmt die Anzahl der Hühner auf der Gartenfläche: die freie Grundfläche des leeren Stalles. Es leuchtet ein, daß es eine Korrelation zwischen Stallfläche und Anzahl der Hühner im Gartenauslauf geben muß. Steht eine Stallfläche von 4 m² zur Verfügung, aber eine unbegrenzte Gartenfläche, so muß sich die Zahl der Hühner auch nach der freien Grundfläche des leeren Stalles richten. Mehr als 20 Tiere sollten dann nicht gehalten werden. Aber es gibt eine gewisse Toleranz

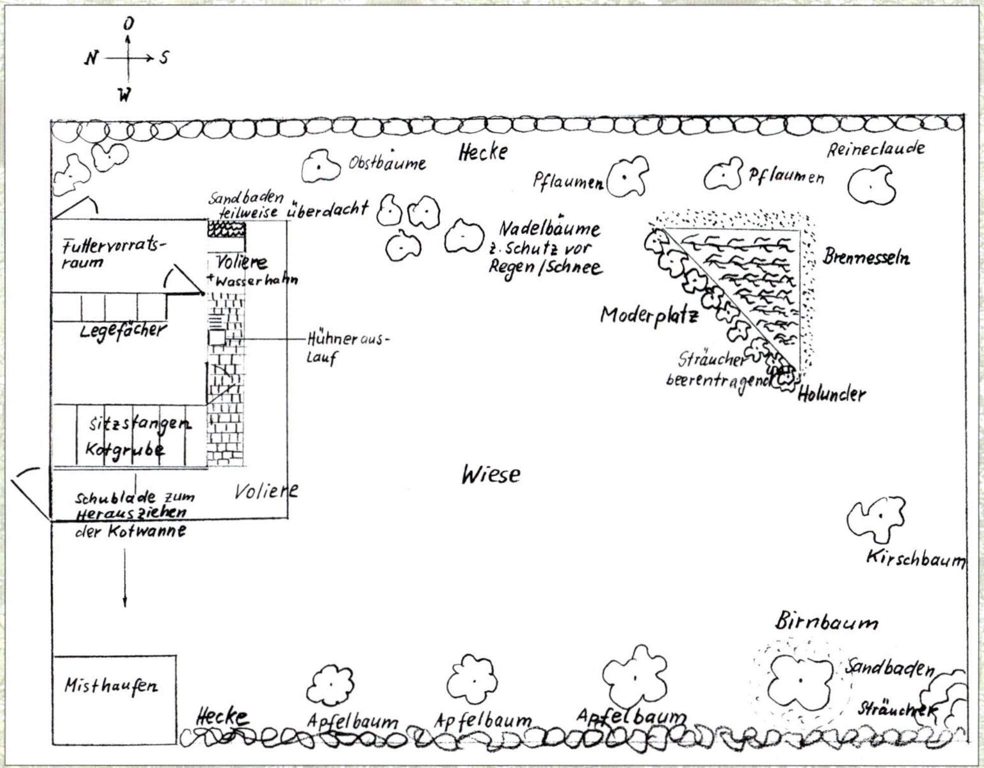

O
N ← → S
W

Hecke

Obstbäume Pflaumen Pflaumen Reineclaude

Sandbaden teilweise überdacht

Futtervorrats-raum

Voliere + Wasserhahn

Nadelbäume z. Schutz vor Regen/Schnee

Brennesseln

Legefächer

Hühner aus-lauf

Moderplatz

Sträucher beerentragend Holunder

Sitzstangen Kotgrube

Wiese

Voliere

Schublade zum Herausziehen der Kotwanne

Kirschbaum

Birnbaum

Sandbaden

Misthaufen

Hecke Apfelbaum Apfelbaum Apfelbaum Sträucher

Ein solcher Hühnergarten ermöglicht den Tieren, alle Verhaltensbedürfnisse zu befriedigen: uneingeschränktes Fortbewegungsverhalten wie Gehen, Laufen, Flattern, Fliegen und Aufbaumen sowie Scharren, Ruhen, Sandbaden, Nahrungsaufnahme, Körperpflege, Balz und Paarung.

nach oben, sofern die Tiere nur im Stall übernachten und den Tag im Freien verbringen und dort auch Schutz vor den Unbilden der Witterung finden.

Fünf Hühner pro Quadratmeter Stallfläche könnten als Anhaltspunkt dienen. Die für Sitzstangen und Futter sowie Trinkbehälter beanspruchte Fläche ist darin eingeschlossen.

Die vorangegangenen Richtzahlen gelten für große Rassen. Bei den Zwerghühnern kann man bis zu dreimal so viele Tiere halten. Hierbei sollte aber zwischen bewegungsfreudigen und weniger aktiven Hühnern, zugunsten von mehr Fläche für ein agiles Tier, unterschieden werden. Ein Appenzeller Spitzhaubenhuhn hat einen größeren Flächenbedarf als eine Orpingtonhenne.

Umgekehrt kann man auch sagen, daß Hühner der besonders kleinen Rasse, wie die kurzbeinigen Chabo, Holländische Zwerghühner und Sebright, mit etwa einem Drittel der für große Hühner benötigten Fläche zufrieden sind und demgemäß ebenso artgerecht gehalten werden.

Wir werfen an dieser Stelle noch einmal einen Blick auf die in Massentierhaltung lebenden Hühner: Auf engstem Raum vegetieren sie in Fabriken in Käfig-, Boden- oder Auslaufhaltung als Masthähnchen, Suppenhühner und als Legehennen dahin. Es leuchtet daher ein, daß allein schon die Haltung von zwei Hühnern der schweren, mittelschweren oder der Zwergrasse auf wenigen Quadratmetern Platz im Freien einen paradiesischen Zustand darstellt und daß man sich nicht davon abhalten lassen sollte, diese Minihühnerhaltung in die Tat umzusetzen. Um so weniger Hühner müssen ihr Leben in Massentierhaltung fristen.

Selbst wenn nur ein Hartplatz, gestampft oder betoniert, zur Verfügung steht, muß man nicht auf Hühner verzichten. Das Regenwasser wird durch Drainage abgeleitet; eine dicke Lage Stroh in den Auslauf gestreut, und die Hühner fühlen sich darauf auch schon recht wohl. Das Stroh bleibt oben relativ trocken und setzt sich unten mit dem Kot langsam zu Dünger um. Natürlich ist ein solcher Auslauf kein optimales, auf alle Bedürfnisse der Hühner ausgerichtetes Biotop. Es ist erstaunlich, was man dem Geflügel alles an Unnatürlichkeit zumuten kann, ohne sein Wohlbefinden – gemessen an seiner Leistungsfähigkeit – zu beeinträchtigen. Ein kleiner Auslauf im Freien ist immer noch besser als kein Auslauf im Käfig!

Wichtig für einen optimalen, artgerechten Lebensraum ist, daß zu einem ausreichenden Flächenangebot den Tieren die Vertikale, im wahrsten Sinn des Wortes, als Lebensraum angeboten wird. Darunter versteht man Sträucher, Bäume, Sitzstangen und eine überdachte Fläche. Ein differenzierter Raum bietet für die Hühner untereinander zusätzliche Ausweichmöglichkeiten. Folglich kann ein gewisses Mehr an Hühnern allen Tieren zugemutet werden.

Frische Luft, ausreichende Bewegungsmöglichkeiten – horizontal wie auch vertikal –, Sonne, Schatten, Grünfutter, Kleinlebewesen, ein überdachter Futter- und Aufenthaltsplatz mit Sitzstangen, eine begraste Auslauffläche, ein Baum mit schattenspendendem Blätterdach, eine Hecke aus heimischem Gehölz, ein Komposthaufen, ein sonnenbeschienener, teilweise schattiger Platz zum Sandbaden, am besten windgeschützt – das alles gehört zu einem idealen Lebensraum für Hühner. Solch ein Auslauf ist wichtig, um den rassespezifischen Anforderungen der Hühner gerecht zu werden, damit sie sich optimal entwickeln können.

Für die Gesunderhaltung der Tiere ist der freie Auslauf mit vielen Abwechslungsmöglichkeiten Voraussetzung, daß diese ihre angeborenen Verhaltensweisen auch ausleben können. Das kann ihnen nur eine Umwelt bieten, die so natürlich wie möglich ist. Wenn das Gras von den Hühnern im Lauf der Zeit abgefressen wird, so ist einerseits die Besatzdichte zu hoch, andererseits ist die Wiese nicht entsprechend gepflegt worden, oder der Bewuchs ist zu einseitig und schützt den Boden mangels geeigneter Durchwurzelung nicht. Die Tiere ziehen beim Beweiden – entweder durch Abfressen oder durch Scharren –, wenn das Gras niedriger wird, dieses samt den Wurzeln aus dem Boden. Eine Verdünnung der Grasnarbe durch Abweiden läßt die Wiese auch schneller austrocknen und verhindert ein Nachwachsen des Grases. Schnelle Abhilfe schafft hier die Einteilung des Gartens in zwei Wechselläufe, in die die Hühner vom Hühnerstall bzw. dem Vorplatz aus je nach Zustand der Grasfläche abwechselnd hineingelassen werden. Während sie die eine Auslauffläche abweiden, wird die andere geschont und kann sich durch Nachsaat, Walzen, Düngen und Bewässern wieder regenerieren. Als Dünger empfiehlt sich Stallmist, Jauche oder Kompost, für kalkarme Böden ist etwas Düngerkalk ratsam.

Das Düngen besorgen die Hühner schon selbst – so hört man einerseits; das ist ein Irrtum – so die andere Meinung. Überlassen Sie es zunächst den Hühnern, und warten Sie das Ergebnis einmal ab!

Zur Einsaat wird eine Mischung von Gräsern und Kräutern empfohlen, die sich jeder selbst zusammenstellen kann. Weißklee, Hornschotenklee, Wiesenrispengras, Kammgras, Lieschgras, Wiesenschwingel, Rotklee und andere Gras- und Kleesorten eignen sich bestens dazu. Natürlich sind auch Brennesseln akzeptiert, sofern der Auslauf groß genug ist, denn diese können fallweise auch für das Überleben seltener Schmetterlinge sorgen. Kurzum, je größer die Gartenfläche, desto größer sollte das Angebot an Sträuchern, Bäumen und Wildwuchs – zumindest in Randbereichen – sein. Das Gras im Randbereich des Gartens wachsen zu lassen, um es dann mit der Sense zu mähen und zu heuen, ist für Hühner ein weiteres Angebot, zu eiweißreicher Nahrung zu kommen und sich optimal zu entwickeln.

Das tägliche Sandbaden

trägt sehr zum Wohlbefinden der Hühner bei. Es dient ihrem Reinigungsbedürfnis. Ihre Neigung zum Staubbaden und Scharren ist stark ausgeprägt, und die Möglichkeit dazu sollte ihnen unter keinen Umständen vorenthalten werden. Wenn der Auslauf sehr begrenzt ist, ist es ratsam, an einer wind-geschützten Stelle im Halbschatten für ein Sandbad

Es ist wichtig, daß Hühner im Sand baden können. Dieser Hahn fühlt sich sichtlich wohl dabei.

zu sorgen. Sonst suchen die Hühner andernorts eine Stelle, um diesen Trieb auszuleben. Sie scharren dann meist dort, wo es nicht gerade gewünscht ist. Die Hühner brauchen die Sandbäder, in denen sie sich wälzen und ihre Federn ausschütteln können, um ihre Milben loszuwerden.

Auf einer Fläche von 1 m² gräbt man eine 40 cm tiefe Grube und füllt diese mit Quarzsand, dem etwas Holzkohle beigemengt wird, mit Vogel- oder auch Flußsand und achtet darauf, daß es nicht hineinregnet. Das Aufstellen einer solchen Sandkiste erfüllt den gleichen Zweck. Ein Dach darüber schützt vor Nässe. Hin und wieder sollte Kot aus dem Sandbad entfernt und der Sand gelockert werden. Bietet man den Hühnern keine Möglichkeit für ihre Sandbäder an, so scharren sie sich selbst Löcher im Auslauf, die, schon der eigenen Sicherheit wegen, immer wieder eingeebnet werden müssen.

Sollten sich die Tiere mit Würmern oder sonstigen Krankheitserregern infiziert haben, so ist es ratsam, den Sand, unter Beachtung der Gebrauchsanleitung, mit einem geeigneten Desinfektionsmittel zu desinfizieren.

Eine weitere Möglichkeit, das Bedürfnis des Scharrens zu befriedigen, ist die Anlage eines Komposthaufens. Dieser ist für die Hühner ein weiterer Scharrplatz, auf dem sie viel Nahrhaftes zum Verwerten finden. Küchen- und Gartenabfälle, Gras- und Heckenschnitt können dort verrotten. Den Hühnern bietet sich neben organischen Abfällen auch Tierisches. Durch Ameisen, Käfer, Insekten, Kerbtiere und Würmer decken sie ihren Bedarf an tierischem Eiweiß. Damit der Komposthaufen nicht durch Scharren im ganzen Gartenauslauf verstreut wird, ist es ratsam, diesen mit Brettern bzw. Rundhölzern abzugrenzen.

Es ist unerläßlich, Hühnern Schatten und Windschutz zu bieten. Eine Vielfalt an Möglichkeiten bietet sich an – vom Holzstapel bis zur akkurat geschnittenen Hecke. Je natürlicher der Schattenspender und Windschutz ist, desto mehr Nutzen bringt er den Hühnern.

Unter einem hohen Laubbaum, am besten einem Apfelbaum, finden Hühner in der heißen Jahreszeit einen schattigen, kühlen Platz, darüber hinaus auch Deckung vor Feinden wie Habicht und Sperber. Hecken aus immergrünen Gehölzen oder Gruppierungen dichtwachsender Laubbüsche spenden ebenso Schutz vor zuviel Sonne. Diese halten aber auch Wind und Zugluft auf, die das Wohlbefinden noch stärker beeinträchtigen als Kälte. Eine lebende Hecke aus Rotbuche, Weißbuche, Fichte, Weißdorn, Bluthartriegel, Brombeere, Kreuzdorn, Schlehe, Hundsrose, Heckenkirsche, Öhrchenweide, Himbeere, Vogelbeere, Pfaffenhütchen oder Johannisbeere, um nur einige zu nennen, eignet sich vorzüglich als Schattenspender und Windschutz und hält darüber hinaus den Regen ab. Wenn ab und zu ein hochstämmiger Baum dazwischengesetzt wird, wird der ökologische Wert noch gesteigert. Es ist sehr wichtig, daß der Großteil der Sträucher Blüten und Beeren trägt, damit Bienen und Vögel sich ernähren können. Nicht nur Hühner finden in einer Naturhecke Schutz, alles, was krabbeln, kriechen, fliegen, schleichen und laufen kann, ebenso. Als Wasserspeicher reguliert sie den Wasserhaushalt und bindet Schmutzpartikel aus der Luft. Sie schafft und stabilisiert ein Kleinklima, das den Tieren zugute kommt. Der von der Straße kommende Lärm wird gemindert, was ebenso zum Wohlbefinden der Hühner beiträgt.

Dichte, undurchdringliche Gehölze, die zum Teil auch Dornen tragen können, sollten mit lichteren Gruppierungen abwechseln. Dadurch werden für Hühner wie auch Vögel ideale Schutz- und Deckungsplätze geschaffen. Nach der Pflanzung sollten die Hühner mindestens ein Jahr vom Wurzelbereich ferngehalten werden, bis die Pflanzen fest verwurzelt sind. Dies kann dadurch geschehen, daß man schwere Steine oder ein Drahtgeflecht auf die Pflanzscheibe legt.

Beim Mähen sollte darauf geachtet werden, daß das Gras am Heckenrand noch stehenbleibt bzw. nur hin und wieder gemäht wird. Herbstlaub und Altholz sollten unbedingt unter der Hecke liegenbleiben, damit am Boden lebende Tiere und deren abgelegte Eier die Eiseskälte des Winters unbeschadet überstehen. Kleine Ausläufe können selbstverständlich nicht mit Sträuchern bepflanzt

Sonnenlicht und Sandbaden tragen zur Gesunderhaltung der Hühner bei.

werden. Für diese eignen sich andere Schattenspender und Windfänge, z. B. Matten aus Schilf oder Stroh, die man am Zaun befestigt. Den gleichen Effekt bewirken Bretter, die am Zaun angenagelt werden. Auch Kletterpflanzen eignen sich als Schattenspender.

Kurzum – alles, was die entsprechende Größe, Dichtigkeit und womöglich ein Dach hat, hält Sonnenlicht und, an der windzugewandten Seite errichtet, noch dazu den Wind ab. Man muß aber darauf achten, daß die Schattenspender weder zu klein noch zu groß sind. Alle Hühner sollten im Schatten Platz finden. Ebenso wichtig ist es jedoch, daß genügend Sonnenlicht in den Garten gelangt, das zur Steigerung der Lebenskraft, der Widerstandsfähigkeit gegenüber Krankheiten und der Leistungsfähigkeit beiträgt – d. h. das Wohlbefinden der Tiere fördert.

Wenn sich der Garten in einer exponierten Lage befindet und noch kein Baum herangewachsen ist, muß man auch an die Gefahr von Greifvögeln denken, vorausgesetzt, der Garten ist nicht zu klein. In beengten, kleinen Gärten kann der Habicht oder Sperber kein Küken oder Huhn fangen, da er im Anflug greift und gleich wieder abfliegt. Hierfür braucht er freien Zugang, Abflug und einen entsprechend großen Garten. Über kleinere Ausläufe kann man ein Drahtnetz spannen, über größeren kreuz und quer gespannte Drähte anbringen. Ein Abstand der Drähte von 1 m reicht aus. Gut bewähren sich auch spiegelnde Glaskugeln, durch die angreifende Vögel irritiert werden, da diese ihren Anflug widerspiegeln. In der Regel brechen sie ihre Attacke dann ab.

Futter und Tränke im Auslauf

Die natürliche Vielfalt im Hühnerauslauf ist der beste Garant dafür, daß sich die Tiere viel kostenlose Nahrung besorgen können. Grünzeug und Samen aller Art, ein reichhaltiges Angebot an Würmern, Insekten, Larven, Engerlingen, Schnecken und anderem Getier – Schädlinge wie Nützlinge –, die als natürliche pflanzliche und tierische Eiweißquellen dienen, stehen ihnen als Ergänzungsfutter zur Aufrechterhaltung der normalen Lebensprozesse zur Verfügung.

Bis zu einem Viertel ihres Futters und ihren gesamten Eiweißbedarf können die Hühner mit frischem Gras decken, sofern es reichlich zur Verfügung steht.

Ist das Gras aber abgefressen, der Auslauf somit kahl, so ist das Bodenleben gestört, und die Hühner müssen ihren Eiweißbedarf durch das täglich ausgebrachte Futter decken; ansonsten treten Mangelerscheinungen auf, und die Tiere erkranken. Im übrigen helfen solche natürlichen Eiweiß-quellen, teures Eiweißfutter einzusparen, und tragen darüber hinaus dazu bei, Obstbäume und den Gemüsegarten vor dem Überhandnehmen von Schädlingen auf ganz einfache Art zu schützen und chemiefrei zu halten.

Wenn das Obst für den Eigenbedarf benötigt wird, sollte das Fallobst vor dem Öffnen des Stalles aufgelesen werden, andernfalls vertilgen es die Hühner, zumindest picken sie es an, so daß es schneller fault. Obstbau und Hühnerhaltung ergänzen einander ansonsten gut, da der Hühnerdung Stickstoff, Phosphat, Kali und Kalk enthält, was ein gutes Gedeihen des Baumes fördert und einen höheren Obstertrag ergibt.

Beim Aufstellen von Futter- und Trinkgefäßen muß einiges beachtet werden. Die Hühner wollen nicht weit laufen und dann noch jeglicher Witterung ausgesetzt sein. Freie Flächen werden von ihnen – aus ererbtem Instinkt, von oben ungeschützt zu sein – nicht gerne überquert, und wenn, dann nur zögernd. Sie halten sich bevorzugt in Sichtweite des Stalles auf und entfernen sich gewöhnlich nicht mehr als fünfzig Meter. Ab und zu hingegen sind es ein paar hundert Meter, wenn sie sich sicher fühlen und lange Zeit keine Gefahr im Anzug war. Bei akuter Gefahr rennen sie ohne Zwischenaufenthalt bis zum Stall zurück, wenn diese aber nachläßt oder wenn sich ausreichender Schutz anbietet, halten sie auch auf halber Strecke an.

Für Mensch und Tier kann der „weite" Weg zum Futter- und Trinkplatz auf Dauer lästig sein. Es leuchtet daher ein, daß die entsprechenden Gefäße, wenn möglich, in der Nähe des Hühnerstalles aufgestellt werden sollten. Es ist darauf zu achten, daß sie vor Regen und allzuviel Sonne geschützt werden. Da der Auslauf für die Hühner in der Regel sehr beschränkt ist, natürliche Nahrung somit nicht ausreichend zur Verfügung steht, muß hochwertige Nahrung, die den Bedürfnissen der Hühner voll entspricht, angeboten werden. Wasser muß ebenfalls täglich frisch zur Verfügung gestellt werden. Wie ein ausgewogenes Futterangebot auszusehen hat, darüber streiten sich die Experten. An späterer Stelle soll darauf noch eingegangen werden. Hier jedoch kann schon gesagt werden, daß die Hühner keine Feinschmecker sind.

Hygienische Anforderungen an den Stalleingang und den Vorplatz des Hühnerstalles

Wenn die Hühner frühmorgens aus dem Stall gelassen werden, dann koten sie in der Regel gleich nach dem Verlassen des Stalleingangs. Der abgesetzte Kot wird, wie erwähnt, rasch zu einer Infektionsquelle, wenn er zu lange liegenbleibt und die Hühner darin scharren und picken. Um den Kot leicht entfernen zu können, ist es ratsam, auf der ganzen Länge vor dem Hühnerstall ein Kiesbett von 1 bis 2 m Breite und 30 cm Tiefe auf einer Sand- oder Schotterunterlage anzulegen. Abgesetzter Kot wird durch den Regen oder mit dem Wasserschlauch leicht abgespült und sollte in einem Vorratsbehälter gesammelt und zur Düngung im Garten verwendet werden. Große Mengen dürfen nicht ins Grundwasser gelangen.

Ein Latten- oder Gitterrost, auf das Kiesbett gelegt, erfüllt zumindest bei kleinen Ausläufen den gleichen Zweck.

Ein trockener Scharrplatz schützt vor Infektionen und befriedigt das Bedürfnis des Scharrens.

Wenn die Hühner auch im Winter draußen sind, werden sie widerstandsfähig und bleiben gesund. Ein Unterstand bietet ihnen Schutz.

Der Hühnerstall

Der Standort für den Hühnerstall richtet sich nach den örtlichen Gegebenheiten. Eine ebene Fläche wie auch ein Hang bieten sich gleichermaßen an. Auslauffläche und Lage des Stalles müssen sinnvoll aufeinander abgestimmt sein, und die Größe des Stallgeländes steht ebenso in Bezug zur Auslaufgröße wie zur Anzahl der Hühner und ihrer Größe. Von kleineren Rassen können entsprechend mehr Tiere in einem Stall untergebracht werden als von größeren. Beabsichtigt man, die Anzahl und die Größe der Rassen zu variieren, so ist ein Stall zu planen, der eine nach oben hin variable Stückzahl von Hühnern aufnehmen kann und in dem es diese auch noch als angenehm empfinden.

Ein liebevoll gestaltetes Hühnerhaus: Beispiel einer ökologischen Hühnerhaltung.

Für die Errichtung des Stallgebäudes ist es wichtig, daß der Untergrund und die Auslauffläche trocken sind. Das Gebäude sollte so ausgerichtet sein, daß die Fensterfront von der Sonne voll beschienen werden kann. Die Fenster sollten demnach nach Süden gerichtet sein. Eine Ausrichtung nach Südosten ist auch geeignet, weniger hingegen nach Südwesten, da die Sonneneinstrahlung aus dieser Richtung zu intensiv sein kann und es im Sommer leicht zur Überhitzung im Stallinneren kommen kann. Sehr vorteilhaft sind Obst- oder Laubbäume in Stallnähe. Im Sommer halten sie durch das Blätterdach die intensive Sonneneinstrahlung vom Stall ab, im Winter gelangen die Sonnenstrahlen, infolge fehlender Blätter, durch die Glasscheiben bis in das Stallinnere und spenden dort noch etwas Wärme. Bei anderen Ausrichtungen ist der Stall zu kühl, außerdem schadet das Fehlen von Sonnenlicht den Hühnern. Dadurch läßt sich nämlich der Stall nicht ausreichend trocken halten. Eine windgeschützte Lage ist sehr vorteilhaft, da die Tiere, wie bereits angemerkt, zug- und windempfindlich sind.

Es ist ratsam, vor Errichtung des Stalles die Baubehörde zu kontaktieren, da ab einer bestimmten Größe eine Baugenehmigung erforderlich ist.

Der Nachbar sollte rechtzeitig in Kenntnis gesetzt werden, daß man beabsichtigt, an einer bestimmten Stelle, vielleicht sogar in Zaunnähe, einen Stall zu errichten. Sehr frühzeitig sollte man sich informieren, welche ortspolizeilichen und nachbarrechtlichen Bestimmungen im jeweiligen Ort gelten. Diese sind unbedingt einzuhalten, damit es nicht im nachhinein zu Schwierigkeiten kommt.

Die Stallgröße

Die korrekte Planung der Stallgröße setzt natürlich voraus, daß man sich bewußt ist, zu welchem Zweck man die Hühner hält: der frischen Eier oder des schmackhaften Fleisches wegen, aus Freude am bloßen Anblick des Federviehs, weil man zur Erhaltung seltener, vom Aussterben bedrohter Hühnerrassen beitragen möchte oder eine gefällige Hühnerrasse mit Erfolg züchten möchte. Natürlich muß man auch wissen, zu welcher Stückzahl die Hühnerschar einmal anwachsen soll. Die finanziellen Möglichkeiten spielen eine nicht zu unterschätzende Rolle bei der Vorplanung und der Umsetzung in die Realität. Die Baumaterialien kosten ihren Preis; am geringsten dürfte sich die Anschaffung der Hühner zu Buche schlagen.

Bedenkt man, daß der Stall Aufenthaltsraum bei ungünstigen Wetterverhältnissen, Schlafstätte und Eiablagestelle, Freß- und Trinkplatz ist bzw. sein kann, so ist ein gewisser Komfort für das Innere mit einzuplanen, was zusätzlich Kosten verursacht.

Es ist natürlich ratsam, den Stall selbst zu bauen, damit es nicht zu teuer wird. Wer dies aber nicht selbst realisieren kann oder möchte, kann sich je nach Größe des Stalles an einen Zimmerer oder Schreiner wenden, bei einem beabsichtigten Massivbau an ein Bauunternehmen.

Erfreulicherweise gibt es auch Hühnerställe, die man bei Fertigbau-Firmen bestellen kann. Sie liefern die Ställe zerlegt, so daß diese an Ort und Stelle zusammengesetzt werden müssen. Von Vorteil ist, daß sie leicht wieder abgebaut und andernorts wieder aufgebaut werden können. Ein wenig handwerkliches Geschick ist allerdings erforderlich, und Freude am Basteln muß man schon mitbringen. Andernfalls sollte man die Hände davon lassen.

Welche bzw. wie viele Hühner man sich anschafft, sollte man bereits vor dem Stallbau wissen. Die Größe des Stalles muß auf die Größe der Rasse und die vorgesehene Anzahl der Hühner abgestimmt sein.

Man halte sich bei der Planung vor Augen, daß der optimale Stall immer der ist, der vom Hühnerhalter in aufrechter Körperhaltung betreten werden kann. Dennoch soll an dieser Stelle darauf hingewiesen werden, daß ein gut isolierter Stall in Größe einer Hundehütte den Hühnern durchaus zur Übernachtung, vielleicht auch zur Eiablage dienen kann, vorausgesetzt, daß draußen im Umfeld des Stalles gegen Kälte und Wind beste Voraussetzungen geschaffen werden.

Es leuchtet ein, daß der Stall wetterfest sein muß. Darüber hinaus sollte er so konzipiert werden, daß er tagsüber hell und nachts auch dunkel ist. Im Sommer sollte er sich nicht zu stark aufheizen und im Winter nicht zu kalt sein. Es versteht sich, daß er leicht zu reinigen und zu belüften sein soll, damit es nicht zu feucht wird und sich keine Krankheitserreger entwickeln und ausbreiten. Zugig darf es im Inneren nicht sein, was zu bedeuten hat, daß er groß genug und ausreichend hoch sein sollte.

Der Stall muß nicht nur hühnergerecht, sondern auch menschengerecht sein. Die Hühner müssen darin in der Regel acht Stunden schlafen, darüber hinaus Eier legen und sich bei regnerischem, naßkaltem und stürmischem Wetter bequem aufhalten können. Der Mensch sollte den Stall, ohne sich allzu stark verrenken zu müssen, leicht betreten können, um ihn auszumisten, Eier zu holen sowie die Tiere zu füttern und zu tränken.

Eine einfache Innenausstattung, wenn möglich leicht herausnehmbar, hilft, daß der Stall ohne Umstände gereinigt werden kann und sich dadurch Krankheitserreger nicht so leicht einnisten.

Das verwendete Holz sollte unbehandelt sein, zumindest ohne giftige Anstriche und Imprägnierung. Andernfalls gelangen diese Stoffe durch Auswaschung ins Erdreich und auch ins Grundwasser. Giftige Emissionen durch den Schutzanstrich belasten die Gesundheit der Hühner wie auch ihre Produkte, Fleisch und Eier.

Bei vorgefertigten Ställen aus Fertigelementen mit modernen Baustoffen ist darauf zu achten, daß diese aus umweltschonenden Materialien hergestellt sind und daß Anstriche aus wasserlöslichen, abbaubaren Mitteln bestehen. Ansonsten ist von einem Kauf abzuraten.

Es gibt alle erdenklichen Formen von Ställen. Trotzdem ist darauf zu achten, daß der Stall in die Gegend paßt. In erster Linie sollten die Hausformen der Umgebung in die Planung mit einbezogen werden. Der Stil des Wohnhauses sollte dabei Priorität haben. Noch besser wäre es, sich an die traditionelle Bauart der Bauernhäuser der Region anzupassen. Absolut fehl am Platz sind irgendwelche Hütten, die dem Auge weh tun, weil sie nicht in den Garten passen. Allein schon die Bauart des Daches entscheidet, ob der Stall paßt oder ein Fremdkörper ist. Für den Geflügelstall in Frage kommen Pult- und Satteldach, gleich- oder ungleichschenkelig.

Es gibt inzwischen Holzbaufirmen, die selbst für 1–4 Tiere Hühnerställe in einer Größenordnung von 85 x 140 cm in kompletter Ausstattung anbieten. Es werden auch Ställe für bis zu 100 Hühner angepriesen, wärmegedämmt, mit Lüftungsklappen, Abrollnestern, abwaschbarem Kotkasten, doppelverglasten Fenstern. Selbst auf eigene Vorstellungen und Wünsche gehen die Fachfirmen ein.

Der Baukörper

Als Baumaterial für den Stall eignen sich sowohl Holz als auch Mauerwerk: Produkte, die die Natur liefert. Es ist nicht nur eine Entscheidung des Geschmacks, sondern auch eine Kostenfrage. Beide Materialien lassen sich auch kombinieren. Sie sind gut geeignet, da sie lange haltbar sind. Ein Fundament aus Beton, Backsteinen oder Bruchsteinen, 50–60 cm tief im Boden und 30 cm über der Bodensohle, mit einer Stärke von 25 cm, eignet sich gut. Gegen aufsteigende Feuchtigkeit sollte das Fundament mit Isolierpappe oder einem Edelstahlblech abgedeckt werden. D. W. Fölsch aus Weiach in der Schweiz ist der Meinung, daß ein guter Stall luftdurchlässige Fundamente benötigt, um die Belüftung des Stallunterbaues zu gewährleisten. Er empfiehlt, die Fundamente auf eine Kies-schüttung zu stellen und auch die Fundamentgräben mit kiesigem Material aufzufüllen. Darüber hinaus schlägt er vor, die Fundamentmauer noch mit Lüftungsöffnungen zu versehen, und zwar mittels eingelegter Röhren.

Bei starker Grundstücksnässe und hohem Grundwasserstand bzw. unterirdischem Wasserzulauf empfiehlt es sich, das Wasser mit einem Drainageschlauch unterhalb des Fundaments wegzuleiten.

Es ist unbedingt darauf zu achten, daß der Stallfußboden immer ein wenig höher angelegt wird als der Boden außerhalb des Stalles. Das gewährleistet, daß er trocken bleibt. Der Boden sollte ein leichtes Gefälle haben, wenn möglich einen Abfluß nach außen, und mit luftdurchlässigem Material eingeebnet werden. Es empfiehlt sich, auf eine Kies- oder Geröllschicht Sand aufzubringen und dann den Boden mit Vollsteinen aus gebranntem Ton oder Ziegelsteinen abzuschließen. Verfugt man die Ziegelsteine mit Kalkmörtel, so zirkuliert die Luft infolge eines Soges durch die bewegte Stalluft zusätzlich von außen durch das Fundament sowie den Boden in den Stall und hält den Boden trocken. Der mitgeführte Luftsauerstoff trägt dazu bei, daß der Kot zusammen mit der Einstreu schneller und geruchsärmer biologisch abgebaut wird.

Empfehlenswert ist es, unter dem Stallboden ein Drahtgeflecht auf den Sand zu legen, um das Eindringen von Mäusen und Ratten zu verhindern.

Natürlich sind ein gemauertes Fundament und ein aufwendig gebauter Stallboden nur für entsprechend große Ställe zur Haltung von 20 und mehr Hühnern anzuraten. Für ein paar Hühner genügt es, den Stall ganz aus Holz zu bauen, auf Steine zu setzen und den Boden mit Brettern zu versehen. Da sich in den Fugen und Ritzen leicht Ungeziefer ansammelt, müssen die Bretter zum Reinigen leicht herausnehmbar sein.

Die Wände

Viele Geflügelhalter werden wohl einen Massivstall bevorzugen. Allerdings ist dieser teurer als eine Holzkonstruktion. Die längere Lebensdauer und die geringeren Reparaturkosten gleichen die Mehrkosten über die Jahre aus.

Beide Alternativen, das Mauerwerk und die Holzkonstruktion, taugen nur, wenn sie gut wärmeisolierend und atmungsaktiv errichtet sind. Voraussetzung für einen hühnergerechten Stallbau ist, daß das Material richtig ausgewählt ist und die konstruktiven Aspekte berücksichtigt werden. Im Sommer darf es nicht zu heiß werden, und im Winter darf die von den Tieren abgegebene Wärme nicht allzu schnell nach außen weitergeleitet werden. Die Innenraumtemperatur sollte nicht unter null Grad absinken, damit das Trinkwasser nicht gefriert.

Die Stärke der Wände richtet sich nicht nur nach deren Wärmedämmwert, sondern in erster Linie nach der Größe des Stalles.

Örtliche Verhältnisse bestimmen vielfach die Auswahl der Materialien, wenn nicht wegen ihres Preises, so vielleicht wegen der leichteren Verfügbarkeit. Allerdings ist das Hochziehen eines Mauerwerks mit Ziegeln, Hohlblock-, Gas- oder Schwemmbetonsteinen nicht jedermanns Sache, weshalb man häufig einen Maurer braucht. Nicht überall dürfte Lehm zur Verfügung stehen, aber als Pulver in Säcken ist er zumindest bei alternativen Baustoffhändlern erhältlich. Ein Lehmstall ist aus ökologischen Gesichtspunkten sehr empfehlenswert. Er bietet den Hühnern ein temperiertes und gesundes Raumklima.

Lehm kann in Form von Ziegeln, als gestampfter Lehm – in Verschalungen eingefüllt – und im Lehmfachwerkbau eingesetzt werden. Natürlich müssen Lehmwände innen und außen verputzt werden, da der Lehm andernfalls außen durch den Regen ausgewaschen wird und innen die Hühner an ihm herumpicken. Dies schadet ihnen zwar, wegen seiner Wirkung wie Heilerde für den Verdauungstrakt, nicht, ganz im Gegenteil. Die Wände aber werden dadurch instabiler, und in entstandenen Löchern nisten sich Milben und andere für die Hühner schädliche Insekten, Bakterien und Viren ein. Zum Verputzen eignet sich Sumpfkalkmörtel, der mit dem Kohlendioxid der Luft zu Kalk abbindet. Alles, was die dringend erforderliche Luftdurchlässigkeit mindert oder gar verhindert, darf nicht zum Einsatz kommen.

Ideal für den Selbstbau ist der Einsatz von Holz, das es im Sägewerk oder im Baumarkt in verschiedenen Stärken, gehobelt und ungehobelt, gibt.

Die Wandelemente bestehen zunächst in der Regel aus einem Holzrahmen, der auf das Fundament aufgesetzt wird. Für kleinere Ställe reicht eine leichtere Holzkonstruktion. Der untere Balken wird mit zuvor in das Fundament eingegossenen Ankerschrauben bzw. Winkeleisen verbunden. Die Holzständer werden doppelwandig mit Brettern verschalt, wobei darauf zu achten ist, daß außen sägerauhe Bretter verwendet werden. Wegen ihrer großen Oberfläche kann mehr Feuchtigkeit von innen nach außen abgegeben werden. Die Bretter für die innere Verschalung sollten glatt gehobelt sein, damit sich keine Krankheitserreger einnisten können. Außerdem lassen sie sich dadurch leichter reinigen.

Zur Schalung kann man Nut-und-Feder-Bretter verwenden oder auch Bretter horizontal bzw. leicht schräg übereinander stülpen oder senkrecht deckeln.

Die Seitenwände müssen so aufgesetzt werden, daß bei Massivbauten der Putz und bei Holzkonstruktionen die Bretter über das Fundament ragen, damit ablaufendes Regenwasser nicht zwischen Fundament und Wand gelangen kann.

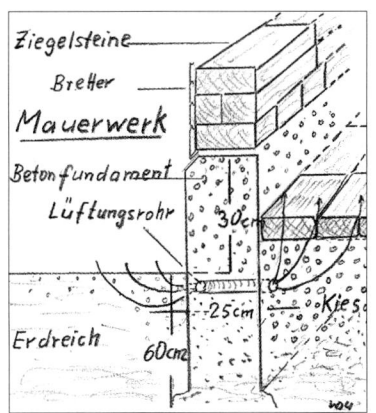

Eine andere Methode der Fundament- und Wandkonstruktion zur Verhinderung des Eindringens von ablaufendem Wasser ist diejenige, daß das Fundament nach oben trapezförmig verläuft und die Wand schwächer ist und über die Schenkel des trapezförmigen Endes des Fundaments reicht. Die nebenstehende Zeichnung verdeutlicht dies. Zur Isolation verwendet man, ebenso wie beim übrigen Stallbau, am besten natürliche Materialien. Baumwolle, Kokosfasern, eine Stroh-Lehm-Mischung, Holzwolle, um nur einige zu nennen, eignen sich. Der Ökobaustoffhandel bietet weitere Dämmaterialien an. Wichtig ist, daß die Verschalung überall dicht ist und Mäuse keinen Zutritt finden. Ob es gelingt, mit einer oder mehreren Schichten eingestreuter Glasscherben Mäuse am Eindringen in die Hohlräume zu hindern, bedarf der Erprobung.

Chemische Holzschutzmittel sind giftig. Sie sollten daher nicht verwendet werden, da sie von den Hühnern wie auch von deren Haltern eingeatmet werden. Manche dieser Stoffe können noch Jahre später in den Eiern und dem Fleisch der Hühner nachgewiesen werden.

Es empfiehlt sich, für den ersten Anstrich das Holz mit einer zehnprozentigen Borax- oder Soda-lösung gegen Insekten- und Pilzbefall vorzubehandeln. Diese Behandlung sollte mindestens zwei-mal, wenn nicht sogar dreimal durchgeführt werden. Borax wirkt zusätzlich feuerhemmend.

Gegen Ungeziefer hat sich das Kalken mit Kalkmilch – ein- bis zweimal im Jahr genügt – bewährt. Wenn die Kalkschicht zu dick wird, muß sie wieder abgekratzt werden, da sonst der Luft- und Feuchtigkeitsaustausch behindert ist.

Der Anstrich und Verputz des Stalles

Nicht immer muß der Stall in Ziegelbauweise auch verputzt werden. Ein Klinkerbau wird nicht verputzt. Generell empfiehlt es sich, das Mauerwerk wegen der besseren Haltbarkeit zu verputzen. Es ist wichtig, daß dieser Verputz atmungsaktiv ist. Kalkverputze sind Zementputzen vorzuziehen.

Für den Stall in Holzbauweise wird dringend geraten, diesen mit umweltfreundlichen Farben und Schutzmitteln anzustreichen. Welche Farben zum Einsatz kommen, ist eine Frage des Geschmacks und der harmonischen Einbindung in die Umgebung.

Das Dach und die Decke

Das Dach des Hühnerstalles sollte, wie schon angesprochen, den Dachformen der Umgebung angepaßt werden. Das setzt natürlich voraus, daß es sich um keine Flachdachhäuser handelt.

Für regenreiche Regionen bieten sich das Pult- und das Satteldach an. Diese müssen ein Gefälle haben, bei dem das Regenwasser leicht abläuft. Das Pultdach mit Frontkappe bewährt sich nicht immer, da bei niedrigen Ställen der Lichteinfall beeinträchtigt wird. Den schönsten Anblick bietet ein Satteldach, das abgesetzt, auch mit Firstaufbau versehen bzw. gleich- oder ungleichschenkelig sein kann. Die Dachneigung richtet sich nach dem Material. Zur Abdeckung eignen sich Ziegel, sie sind wegen ihrer porösen Eigenschaften und der Art der Verlegung mit den vielen Fugen sehr luft- und wasserdampfdurchlässig. Welleternit, Dachpappe und Wellblech eignen sich ebenso. Doch diese Materialien sind nicht schön anzusehen. Wenn sie dennoch zum Einsatz kommen, müssen sie gut hinterlüftet werden.

Aufwendig, aber sehr schön anzusehen ist die Bedachung mit Stroh oder Holzschindeln. Wem der Naturschutz ein besonderes Anliegen ist, der schließt den Geflügelstall nach oben mit einem Grasdach ab; dies ist zwar nur mit mehr Aufwand zu realisieren, aber es lohnt sich.

Selbstverständlich ist es notwendig, zwischen Dachabschluß und Dachhaut einen gut belüfteten Hohlraum einzuplanen, der mit Wärmedämmstoffen ausgefüllt werden muß. Feuchte Luft, die nicht durch die Lüftung abzieht, hat die Möglichkeit, durch die Dachhaut zu entweichen; Kälte und Hitze dringen nicht so leicht von oben in den Stall ein. Es ist ratsam, Hühnerställe, und seien sie noch so klein, mit einer Dachrinne zu versehen. Der Platz um den Stall herum würde ansonsten bei Regenfällen allzuschnell in Matsch verwandelt.

Die Be- und Entlüftung des Stalles

Hühner, so weiß man, haben einen wesentlich höheren Bedarf an Sauerstoff als andere Tiere, zum Aufbau der eigenen Körpersubstanz und zum Verbrennen der Nährstoffe, was die für die Erhaltung des Lebens notwendige Energie liefert und die Körpertemperatur auf hohem Niveau hält. Alle physiologisch wichtigen Vorgänge wie Nahrungsaufnahme, Verdauung, Atmung, Nährstofftransport und Temperaturregulierung müssen in Gang bleiben, und dazu braucht jeder Organismus Energie, jener der Hühner jedoch besonders viel. Man schätzt, daß sie ca. zehnmal mehr Sauerstoff benötigen als der Mensch. Aus diesem Grund scheiden sie über die Atemluft auch große Mengen an Kohlendioxid und Wasser aus. Bei 10 Hühnern kann das schon 1 l Wasser pro Tag

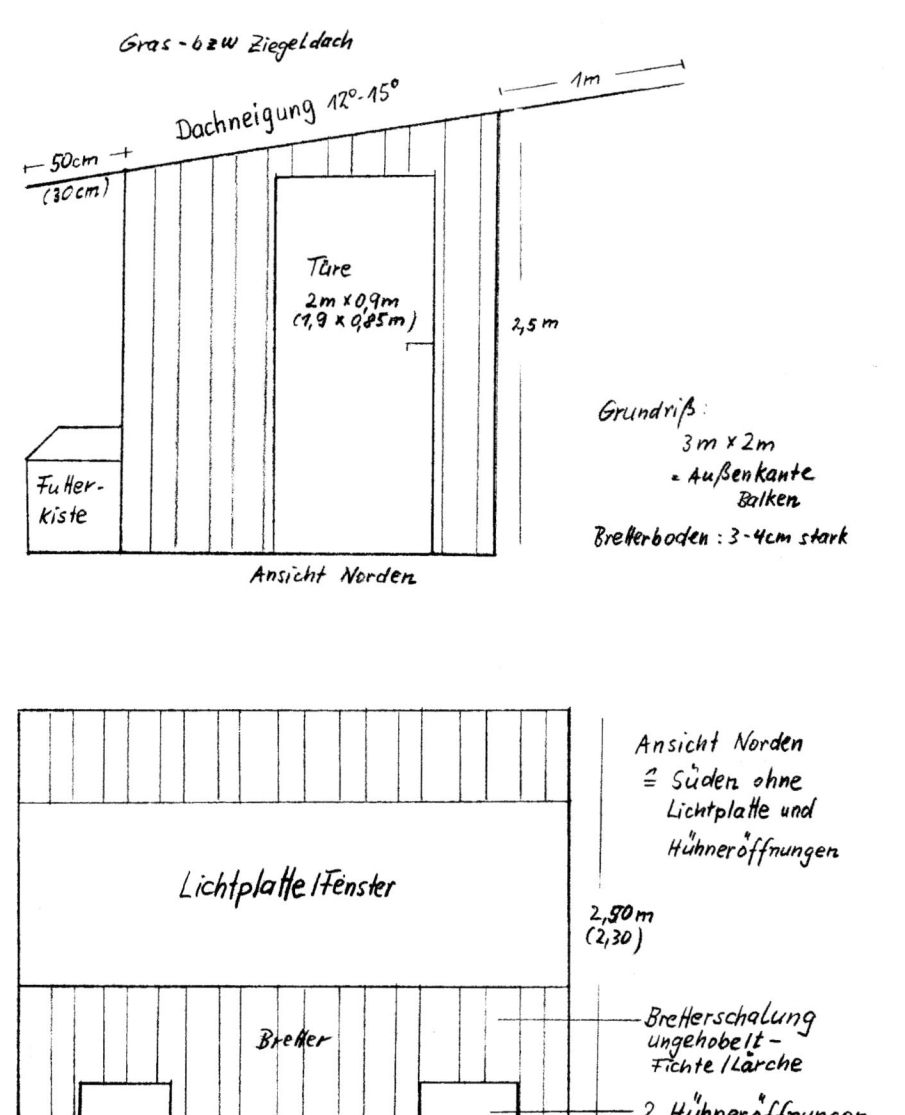

Gras - bzw Ziegeldach

Dachneigung 12°-15°

50cm

(30cm)

1m

Türe
2m x 0,9m
(1,9 x 0,85m)

2,5 m

Futter-
kiste

Ansicht Norden

Grundriß:
3m x 2m
= Außenkante
Balken

Bretterboden : 3-4cm stark

Lichtplatte / Fenster

Ansicht Norden
≙ Süden ohne
Lichtplatte und
Hühneröffnungen

2,50 m
(2,30)

Bretter

Bretterschalung
ungehobelt -
Fichte / Lärche

2 Hühneröffnungen
50x50cm
(30h x 20b)

3 m

Ansicht Süden

frei nach M. Hermle,
Bio-Ring Allgäu, Kempten

34

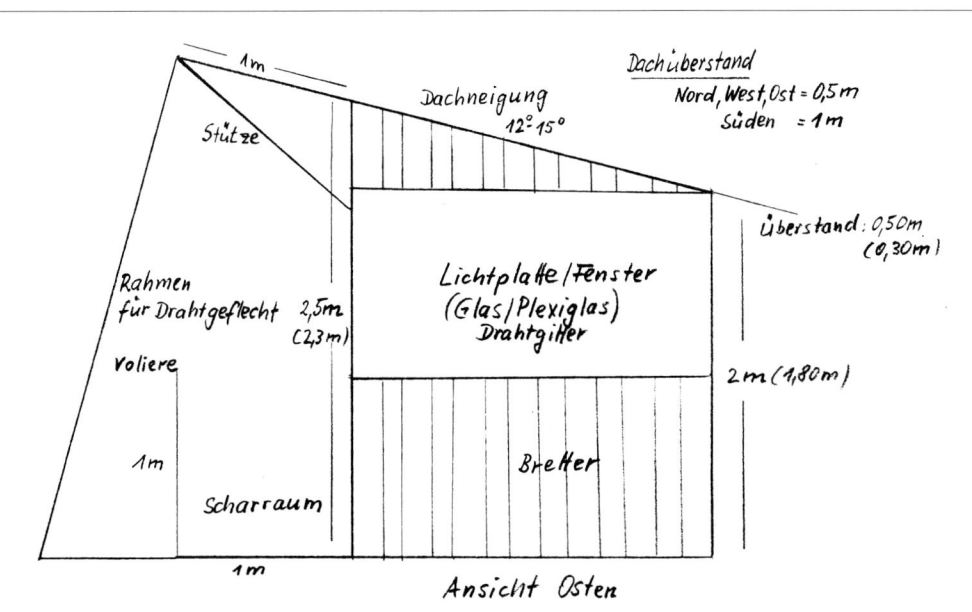

1m

Dachüberstand
Nord, West, Ost = 0,5m
Süden = 1m

Dachneigung
12° 15°

Stütze

Rahmen
für Drahtgeflecht   2,5m
                     (2,3m)

Lichtplatte/Fenster
(Glas/Plexiglas)
Drahtgitter

Überstand: 0,50m
           (0,30m)

2m (1,80m)

Voliere

1m

Scharraum

Bretter

1m

Ansicht Osten

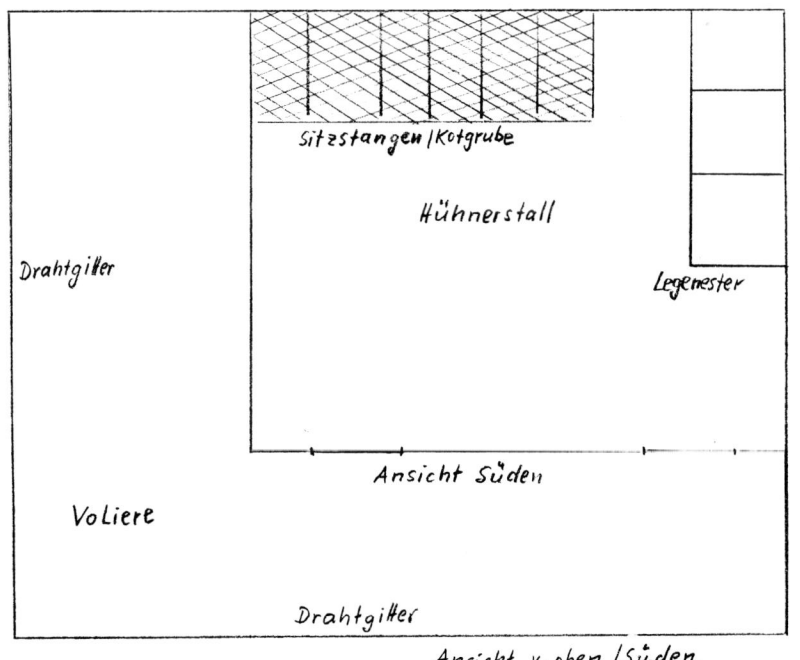

Sitzstangen/Kotgrube

Hühnerstall

Drahtgitter

Legenester

Ansicht Süden

Voliere

Drahtgitter

Ansicht v. oben / Süden

sein, bei 50 Tieren mehr als 5 l. Feuchte, verbrauchte Luft muß unbedingt durch ein gut funktionie-rendes Lüftungssystem nach außen abgeführt werden. Darüber hinaus muß dafür gesorgt werden, daß reichlich Sauerstoff durch Einlaß von Frischluft in den Stall gelangt, ohne daß es zieht. Bekanntlich mögen Hühner draußen wie drinnen keine Zugluft. Im übrigen werden mit der Abluft auch Krankheitskeime und Schadinsekten ins Freie transportiert. Der Be- und Entlüftung der Stallungen ist darum große Bedeutung beizumessen, insbesondere dann, wenn es sich um größere Bauten handelt. Kleinere Ställe für ein Dutzend Hühner brauchen kein extra ausgeklügeltes Lüftungssystem. Bei diesen genügt es, Türe und Fenster ausreichend offen zu halten. Natürlich muß nachts die Türe geschlossen werden. Das Fenster – sofern es offen bleibt, was empfehlenswert ist – sollte mit einem engmaschigen Drahtgeflecht vor dem Eindringen von Raubtieren geschützt werden.

Am besten bringt man die Lüftungsöffnungen unter dem Dach an. Mindestens zwei müssen vorgesehen werden. Diese sollten so angeordnet werden, daß die Hühner zumindest auf den Sitzstangen und im Scharraum keiner Zugluft ausgesetzt sind.

Eine tiefer liegende Öffnung läßt kalte Luft von außen einströmen, die nach unten in den Stall sinkt. Die verbrauchte, warme Luft entweicht durch das weiter oben angebrachte Lüftungsloch. Diese Abluftöffnung sollte größer sein als jene für die Zuluft. Mehrere kleine Lüftungsöffnungen sind besser als eine große Ab- und Zuluftöffnung, da man diese besser regulieren und der Anzahl der Hühner anpassen kann. Für große Stallungen sind größer dimensionierte Luftschächte für die Abluft im Dach die richtige Lösung. Frischluft läßt man durch Öffnungen oberhalb der Fenster oder durch diese selbst in den Raum.

Ist der Stall auch nur so groß wie eine Hundehütte oder ein Gartenhaus – für eine gute Lüftung und für ausreichend Licht ist immer zu sorgen.

Licht und Fenster

Das Licht muß, wie der Sauerstoff, ungehindert in den Hühnerstall gelangen können. Sonnenlicht ist dem Kunstlicht vorzuziehen, da es dem Wohlergehen besonders förderlich und auch kostenlos ist. Das soll aber nicht heißen, daß kein zusätzliches elektrisches Licht benötigt wird, ganz im Gegenteil. Abends, wenn es dunkel wird, vor allem im Winter, kann man dann noch schnell die Hühner abzählen und ist beruhigt, wenn alle im Stall sitzen. Beim Entmisten und bei Reparaturarbeiten ist elektrisches Licht oftmals sehr hilfreich. (Siehe dazu auch S. 51.)

Wie groß das Fenster bzw. die Fensterfläche sein soll, darüber gehen die Meinungen auseinander. Aber einig sind sich alle darin, daß sich das Licht auf die Legeleistung auswirkt. Optimal wäre es natürlich, für die Hühner einen Wintergarten an das Stallgebäude anzubauen, in dem von oben und von den Seiten das Sonnenlicht einfallen kann. Diejenigen Hühner, die das stört, können sich in schattige Bereiche des Hühnerstalles zurückziehen. Die keimtötenden Sonnenstrahlen gelangen aber dort nicht hin, und diese Hühner infizieren sich leichter. Sauberkeit ist im Schattenbereich daher von größter Wichtigkeit.

Die einen Experten fordern für die Fensterfläche eine Größe von etwa $1/3$ der Bodenfläche, andere glauben, daß es ausreichend ist, wenn die Fensterfläche $1/15$ bis $1/10$ der Bodenfläche beträgt. Dennoch spielen noch andere Faktoren mit, die die Größe der Fensterfläche beeinflussen.

Die Fenster sollten, wie bereits erwähnt, gegen Osten bis Süden gerichtet sein, ansonsten wird der Stall im Sommer zu heiß. Trotzdem sollte man sich dadurch nicht davon abhalten lassen, einen Hühnerstall zu bauen, auch wenn die Fenster in eine andere Himmelsrichtung gerichtet sein müssen. Man kann sie dann größer anlegen bzw. den Hühnern zu viel Freigang im Garten verhelfen.

Ebenso wichtig ist es, daß die Fenster tief nach unten reichen, damit im vorderen Teil des Stalles genügend Sonnenlicht einfällt. Allerdings sollte der Abstand von der Unterkante zum Boden zumindest 40 cm betragen, damit die Hühner nicht der Zugluft ausgesetzt werden und sie die Scheiben nicht beschädigen können.

Die einzelnen Fensterarten haben Vor- und Nachteile: Ein Fenster, das sich öffnen läßt, ist allen anderen vorzuziehen. Es ermöglicht eine bessere Durchlüftung als Lüftungsklappen. Ein Schiebefenster ist besser als ein Klappfenster, das aber für einen Hühnerstall auch gut geeignet ist. Es sollte jedoch nach außen aufklappbar sein, denn sonst wird es von den Hühnern als Sitzgelegenheit benutzt und dabei durch Kot verschmutzt.

Für den Winter sollte man Klappläden oder ähnliches anbringen. Besser zur Wärmedämmung eignen sich Isolierglasscheiben, die allerdings teuer sind. Wenn es der Geldbeutel zuläßt, sollte man die Fenster zumindest mit Doppelglasscheiben versehen, um die Kälte abzuhalten. Sie vereisen kaum und halten somit die Luftfeuchtigkeit im Stall niedriger.

Was nicht vergessen werden darf, ist das Anbringen eines Drahtgitters über die ganze Fensterfläche. Dieses sollte engmaschig sein, damit keine Mäuse, Ratten und Marder in den Hühnerstall gelangen können.

Es genügt, einfaches Fensterglas zu verwenden. Spezialglas, das die ultraviolette Strahlung durchläßt, ist nur für jene Ställe ratsam, in die wenig Sonnenlicht einfällt, und zudem für solche Tiere, die – aus welchen Gründen auch immer – zuwenig Auslauf im Freien haben. Bei täglichem Auslauf im Garten erhalten die Tiere ausreichend ultraviolette Sonnenstrahlung, die für die Bildung des lebensnotwendigen Vitamins D_3 verantwortlich ist. Wenn man der Meinung ist, daß die Hühner zuwenig Sonnenlicht abbekommen, so kann man Vitamin-D_3-haltiges Futter geben (z. B. Markenmischfutter, dem Vitamine beigefügt sind).

Aus diesem Grund ist zu empfehlen, die Stallfenster in gewissen Zeitabständen immer wieder zu reinigen; auch im Hinblick darauf, daß die Fenster voll funktionsfähig bleiben, was eine nahezu unbegrenzte Haltbarkeit gewährleistet.

Nicht unerwähnt soll bleiben, daß es wünschenswert wäre, wenn einige Fenster während der heißen Sommermonate ausgehängt werden könnten.

Die Türe

Wenn möglich, sollte die Türe nach außen aufgehen, damit beim Öffnen keine Tiere zu Schaden kommen. Allzuleicht könnte bei einer nach innen aufgehenden Türe ein Huhn oder ein Küken eingeklemmt werden. Außerdem nimmt sie im Inneren des Stalles zuviel Platz weg, der vielleicht für die Legenester, die Sitzstangen etc. gebraucht wird.

Die Höhe sollte mindestens 1,90 m und die Breite 0,90 m betragen, so daß man den Stall aufrecht gehend betreten und mit einem Schubkarren zum Ausmisten befahren kann. Für kleinere Ställe ist diese Größenordnung natürlich nicht möglich, und so muß in Höhe und Breite entsprechend variiert werden. Für einen Stall in Dimension einer großen Hundehütte sollte eine Front abnehmbar bzw. aufklappbar sein, damit er gereinigt werden kann und die Eier leicht aus den Legenestern entnommen werden können.

Die Türe sollte, wenn möglich, nicht durch den Auslauf zu erreichen sein, sondern von außerhalb. Sie kann aus Nut-und-Feder-Brettern oder aus überlappenden Brettern hergestellt werden, am besten gedoppelt, und muß entsprechend isoliert werden. Sie soll gut schließen und dicht sein. Selbstverständlich sollte sie mit einem abschließbaren Türschloß und Riegel versehen werden, nicht aushebelbar sein und geöffnet an der Wand mit einem Haken festzumachen sein. Aufgehängt in einem stabilen Türrahmen, wird eine verwindungsfrei angefertigte Türe über viele Jahre ihren Zweck erfüllen.

Bedacht werden sollte dabei, daß eine am Eingang angebrachte, leicht zu entfernende Schwelle das Nach-außen-Verscharren der Einstreu verhindert. Wo es sich einrichten läßt, sollte eine innere Türe angebracht werden, die aus einem einfachen Rahmen besteht, der mit einem engmaschigen Drahtgeflecht überspannt wird. Bei geöffneter Außentüre fällt dann – bei dennoch geschlossenem Stall – zusätzlich Licht durch die Eingangsöffnung in das Stallinnere, und die Hühner sind dankbar für zusätzliche Frischluft. Ein unten am Türrahmen aufgestelltes Brett hilft, daß kein Bodenzug entsteht. Besonders wenn Küken im Stall sind, ist dies zu empfehlen.

Das Hühnerschlupfloch

Die Tiere sollen zu jeder Tageszeit den Stall betreten oder verlassen können. Um dies zu ermöglichen, ist der Einbau einer kleinen Öffnung in der Stallwand notwendig. Am besten bringt man sie 50 cm über dem Erdboden an (mit einer kleinen Hühnerleiter), in den lichten Maßen von etwa 30 cm Breite und 40 cm Höhe. Große Bestände brauchen natürlich mehrere Öffnungen.

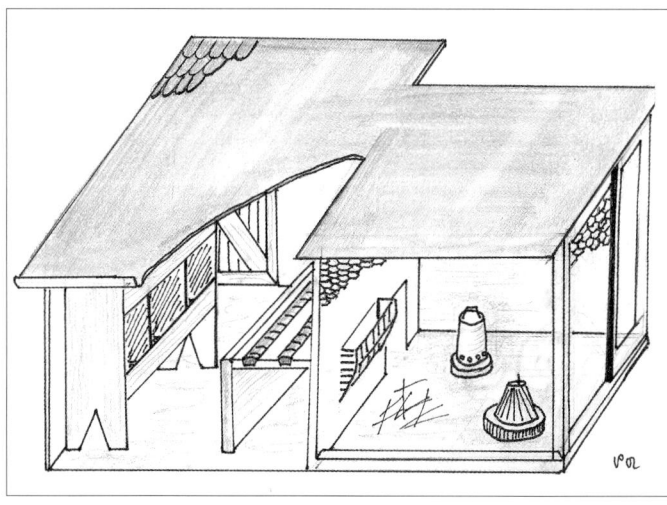

Da die Hühner bekanntlich keinen Zug mögen, ist darauf zu achten, daß das Auslaufloch nicht gegenüber den Fenstern oder der Eingangstüre angebracht wird. Außerdem sollte außen an der Öffnung ein Windfang angebaut werden. Hierzu benötigt man drei Bretter: eines als Pultdach, damit der Regen

Ein kleiner, einfach gestalteter Hühnerstall mit einem separaten überdachten Freß- und Scharrplatz als Kaltstall bzw. Wintergarten.

nach außen abläuft; die anderen zwei Bretter, auf denen das Dachbrett aufliegt, werden im rechten Winkel an der Wand angebracht. Das Dachbrett kann man noch mit Dachpappe bzw. mit umweltfreundlichem Anstrich vor Nässe schützen.

An den Windfang könnte auch eine kleine Holztüre zum Abschließen angeschlagen werden. Empfehlenswert ist es auch, zwei, wenn nicht sogar alle drei Seitenwände mit Scharnieren als Türe vorzusehen: so können die Seiten je nach Windrichtung geöffnet werden.

Höher gelegene Schlupflöcher sind nicht so ideal, da die Hühner nicht gerne steile Hühnerleitern hinaufsteigen; ältere oder kranke Tiere kommen nur sehr schwer oder gar nicht hinauf.

Auslaufklappen in Form von Schiebern nach oben sind weniger empfehlenswert, da sie unvorhergesehen nach unten fallen können, was zur Verletzung der Hühner führen kann.

Wer sich dennoch einen sogenannten Selbstöffner bzw. eine Selbstauslaufklappe basteln will, die von den Hühnern selbständig geöffnet werden kann, sollte folgendermaßen vorgehen: Bei senkrecht nach oben gehendem Schieber wird ein kleines Kästchen aus Holz oder eine Schale aus Blech oder Ton angebracht und abends, kurz vor der Dunkelheit, wenn alle Tiere im Stall sind, mit etwas Körnerfutter angefüllt. An dem Schieber wird oben eine Schnur angebracht, die über zwei seitliche, waagrecht gelegene, in die Wand eingesetzte Rollen verläuft, und an deren Enden wird ein Stein befestigt. Das Gewicht der Körner muß etwas größer sein als das des Steines, so daß der Schieber geschlossen bleibt. Morgens, wenn es hell wird, fressen die Hühner die Körner, und der Stein senkt sich nach unten, die Klappe öffnet sich. Die Hühner können ins Freie. Für sie als „Frühaufsteher" ist dies eine Möglichkeit, frühmorgens in den Garten zu gelangen, um im feuchten Gras nach dem krabbelnden und kriechenden Getier zu suchen, das sich mit der aufsteigenden Sonne langsam in den Erdboden oder in den Schatten unter Gräser und Blätter zurückzieht.

Es muß aber darauf hingewiesen werden, daß in den Morgenstunden der Marder und der Fuchs noch unterwegs sind und den Hühnern dadurch Gefahr droht. Diese Art der Selbstöffnung ist daher nur für mit Drahtgittern nach oben geschlossene Ausläufe ratsam.

Mittlerweile bietet der Fachhandel auch automatische Stallöffner an, die elektronisch gesteuert werden und beispielsweise über einen Lichtsensor bzw. eine Zeitschaltuhr verfügen.

Zusätzlicher Kälteschutz des Hühnerstalles im Winter

- Fenster und Türen abends mit Strohballen oder -matten abdichten. Eine geringere Wirkung wird mit Säcken oder Tüchern, die man vor das Fenster hängt, erzielt.
- Stroh im Stall ausstreuen und in den Ecken aufschichten.
- Vor und über den Sitzstangen Tücher bzw. Strohmatten befestigen.
- Kurz lüften, aber keinen Durchzug entstehen lassen.
- Strohballen an die Wände des Stalles stellen.
- Auf erhöhten Fundamenten stehende Hühnerställe von unten mit Stroh schützen.
- Sollte es dennoch im Inneren des Stalles sehr kalt sein, so kann man auch mit einer Rotlichtlampe, über den Sitzstangen angebracht, Abhilfe schaffen. Dies verhindert, daß dem Hahn und den Hennen der Kamm abfriert.

Einige Hühnerrassen, hauptsächlich Landrassen mit Schöpfen, wie die Appenzeller Spitzhauben, sind gegen Kälte unempfindlich.

Die Inneneinrichtung des Stalles

Ist der Stall in seinem Äußeren fertiggestellt, so ist es ratsam, sofern genügend Platz vorhanden ist, eine Trennwand mit Türe einzuziehen, um einen Vorraum für die Aufbewahrung von Utensilien zu schaffen. Für die Hühner ist dieser Raum nicht zugänglich. Futter, Arbeitskleidung, Schaufel, Besen, Mäusefallen, Geschirr, verschiedene Behältnisse und andere Gegenstände lassen sich dort unterbringen.

Unerläßlich für einen Hühnerstall ist eine Grundausstattung, die sich aus Futter- und Trinkgefäßen, Sitzstangen, Legenestern sowie Kotgrube, -wanne oder -brett zusammensetzt.

Des weiteren ist es vorteilhaft, wenn die Hühner einen Kasten zur Verfügung haben, in dem sie zur Körperpflege in Sand baden können. Eine Kiste mit Sand, Staub, Holzasche oder einem Gemisch daraus, unter Zusatz von getrockneter, zerriebener Kamille oder Farnkraut, reicht völlig aus. Eine Größe von 60 x 120 cm und eine Sandtiefe von 20 cm genügen für 10–15 Hühner. Zwingend notwendig ist aber ein Sandbadekasten im Inneren nicht, sofern im Auslauf ein geeigneter Platz vorhanden ist.

Grundsätzlich sind zwei Dinge für den Innenausbau zu beachten: Zunächst muß vor allem den Bedürfnissen der Hühner Rechnung getragen werden. Darüber hinaus sollte auch das Arbeiten im Hühnerstall, wie Ausmisten und Eierholen, ohne allzu großen Aufwand und Umstände möglich sein. Eine wohlüberlegte Anordnung der Inneneinrichtung ist Voraussetzung für leichtes Arbeiten. Übersichtlichkeit spielt dabei eine große Rolle, wie auch leichte Erreichbarkeit des Inventars.

Empfehlenswert ist es, daß die Einrichtungsgegenstände zum Reinigen leicht abzubauen bzw. herauszunehmen sind.

Hinsichtlich Übersichtlichkeit und leichter Zugänglichkeit sollte aber ebenso an die Tiere gedacht werden. Die Hühner müssen leicht an Futtertrog, Tränke, Sitzstangen und Nester gelangen können, wie auch an den Sandbadekasten, den man im Winter im Inneren aufstellt. Der Raum sollte so eingerichtet sein, daß eine möglichst große Fläche zum Scharren und Sich-Bewegen frei bleibt.

Das Übernachten auf den Sitzstangen und die Kotablage

Der Hühnerstall ist zuallererst der Aufenthaltsort für die Nacht. Ein geschlossener Raum ist als Schutz vor Raubtieren unbedingt erforderlich. Da die Wildhühner des Nachts immer aufbaumen, d. h. auf Bäumen übernachten, und Haushühner diese Gewohnheit bzw. diesen Instinkt geerbt haben, muß es in einem Hühnerstall auch die Möglichkeit geben, in erhöhter Sitzposition übernachten zu können.

Hierfür sind im Stall Sitzstangen anzubringen. Sie sollten aber, wenn möglich, nicht die ganze Stallfläche überdecken, da Hühner in der Nacht den meisten Kot abgeben. Dieser würde dann den Stall verschmutzen. Um das zu verhindern, sollte als Schlafplatz eine Fläche entlang der Wand, in

Grundlage für diesen Hühnerstall sind die Zeichnungen auf den Seiten 34 und 35. Wenn man für einen oder mehrere Tage abwesend ist, können die Hühner in der Voliere gehalten werden. Sie muß aber absolut dicht sein, damit keine Raubtiere eindringen können. Während der restlichen Zeit läßt man die Hühner im Garten umherlaufen.

Wenn der Auslauf groß genug ist, können sich Hühner einen Teil der lebensnotwendigen Nahrung selbst suchen. Dieser Auslauf allerdings ist zu einseitig, Sträucher und Bäume fehlen.

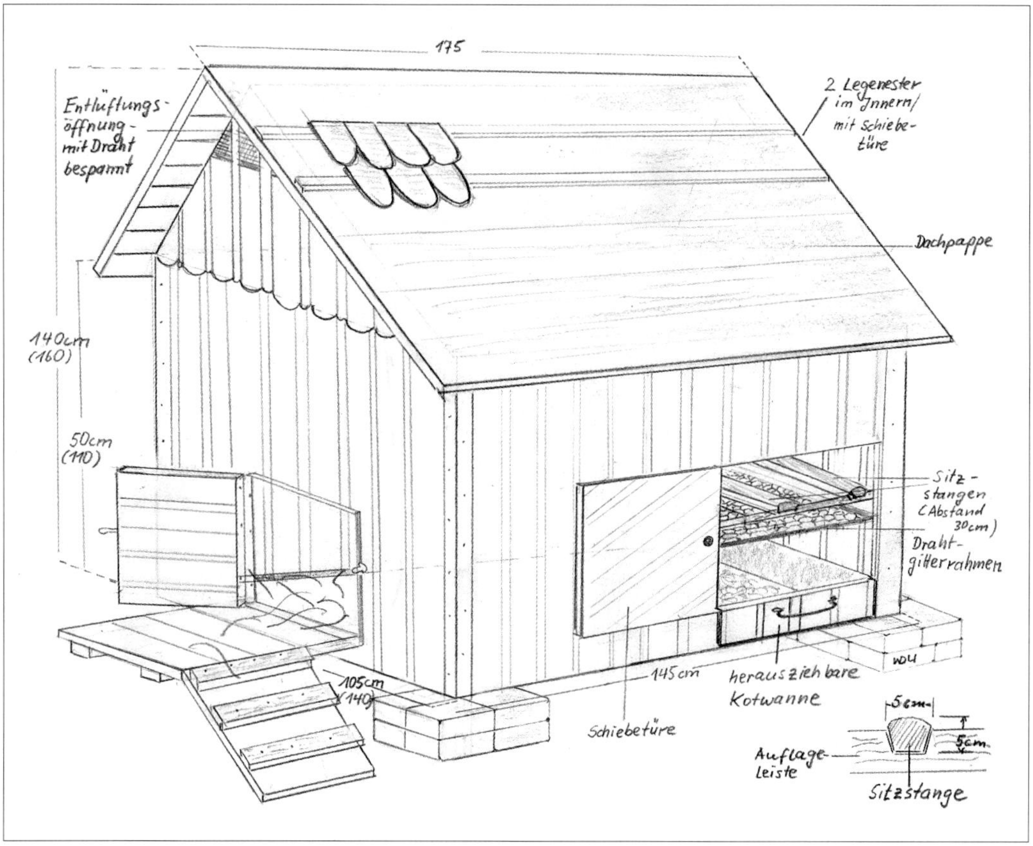

Entlüftungs-
öffnung
mit Draht
bespannt

175

2 Legenester
im Innern/
mit Schiebe-
türe

Dachpappe

140cm
(160)

50cm
(110)

Sitz-
stangen
(Abstand
30cm)

Draht-
gitterrahmen

105cm
(140)

145cm

herausziehbare
Kotwanne

wu

Schiebetüre

Auflage-
leiste

5cm

5cm

Sitzstange

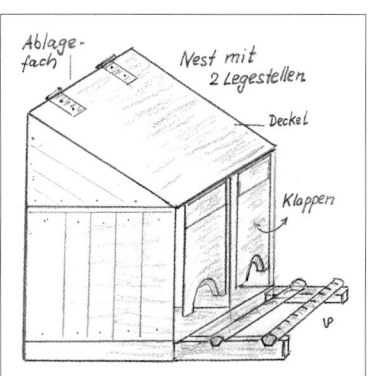

Ablage-
fach

Nest mit
2 Legestellen

Deckel

Klappen

Solch einen Hühnerstall kann man sich selbst bauen oder
von einem Tischler anfertigen lassen. Er paßt in jeden
Garten, sei es in einer Neubausiedlung, einem Dorf oder
auch in einer Großstadt.

einem Abstand von 35 bis 40 cm zu dieser, vorgesehen werden. Unter den Sitzstangen, deren Abstand untereinander ebenfalls 35 bis 40 cm betragen sollte, ist ein Kotbrett, eine Kotwanne oder auch eine Kotgrube anzubringen.

Sämtliche Sitzstangen bringt man möglichst in der gleichen Höhe an. Dadurch verhindert man allzu viele Streitereien um die höher gelegenen Plätze. Die Henne Nr. 1 hat im Stall alle Vorrechte. So kann sie den besten Schlafplatz einnehmen, und das ist der höchstgelegene Platz. Ranghöhere Tiere wollen unbedingt über den rangniedrigeren sitzen. Da aber die ranghöhere Henne nicht unbedingt früher den Schlafplatz aufsucht, vertreibt sie die rangniedrigeren, sobald sie auf den Sitzstangen eintrifft. Dies gibt stets Streit, so daß große Aufregung unter den Hühnern entsteht. Nachgewiesenermaßen vermindert allabendliches Gehacke um die besten Plätze die Legeleistung der Hennen.

Das Einrichten von gleich hohen Sitzstangen entspricht nicht dem natürlichen Verlangen der Hühner, aber es schafft Frieden und bringt etwas mehr gelegte Eier, was den Hühnern guttut und den Hennenhalter freut.

Sehr schnell gewöhnen sich die Hühner an die gleiche Höhe und an einen Platz, den ihnen die anderen nicht mehr streitig machen.

Es gibt verschiedene Möglichkeiten, die Sitzstangen anzubringen. Man kann sie beispielsweise auf zwei Lagerhölzern, die an der Wand und im Stallinneren auf einem Holzrahmen angebracht sind, in ausgeschnittenen Vertiefungen auflegen. Sie brauchen dann nicht festgenagelt zu werden. Unter den Sitzstangen kann kleingeschnittenes Stroh oder eine Schicht Torf ausgestreut werden. Man sollte durch ein hohes Brett das Verscharren der Einstreu und des Kotes auf der gesamten Stallfläche verhindern. Allerdings ist bei dieser Variante die Gefahr, daß sich die Tiere durch Umhergehen auf dem Kot mit Krankheitskeimen infizieren, sehr groß.

Abhilfe dagegen schafft man, wenn unter den Sitzstangen eine Kotwanne bzw. ein Kotbrett angebracht wird. Es muß aber unbedingt verhindert werden, daß die Hühner in den Kot gelangen. Die Ansteckungsgefahr ist in diesem Fall nämlich noch größer. Es ist deshalb erforderlich, unter den Sitzstangen oder auf der Kotwanne bzw. etwas höher über dem Kotbrett ein Drahtgitter mit der Maschenweite von 7 x 7 cm zu spannen. Dies verhindert, daß die Hühner in Kontakt mit dem Kot kommen.

Wie bereits erwähnt, sollte der Abstand von einer Sitzstange zur nächsten bei großen Rassen 35 bis 40 cm betragen. Für kleinere Rassen reicht ein Abstand von 20 cm, ohne daß die Tiere einander berühren und dabei die Schwanzfedern abbrechen können. Dieser Abstand muß auch zur Wand bestehen.

Je nach Rasse ist ein Platzbedarf in der Breite von bis zu 25 cm pro Tier zu veranschlagen, kleinere Rassen begnügen sich mit weniger. Auf einer 1 m breiten Sitzstange rechnet man mit 4 bis 5 Hühnern der großen Rasse bzw. 8 bis 10 Zwerghühnern.

Die Sitzstangen sollten in einer Höhe von 1 m angebracht werden. Als Material nimmt man am besten abgelagertes Holz, das nicht mehr reißen kann und keine Fugen und Ritzen hat. Gehobeltes Vierkantholz eignet sich aus hygienischen Gründen am besten. Als Maß wird ein Querschnitt von 5 x 5 cm empfohlen. Die oberen Kanten sollten abgerundet sein, damit die Hühner bequem sitzen können. Es versteht sich von selbst, daß die Sitzstangen leicht herausnehmbar sein sollten, wie auch der separate, mit Maschendraht bespannte Holzrahmen, der dicht unter den Sitzstangen über dem

Kotbrett angebracht ist, damit sie regelmäßig gereinigt werden können. Es ist dabei darauf zu achten, daß sie vor dem erneuten Einsetzen auch wirklich milbenfrei sind. Man sollte sie nach dem gründlichen Abschrubben einölen, vielleicht auch hin und wieder anstreichen. Dabei werden die Poren des Holzes geschlossen, und die Milben finden keinen Unterschlupf.

Zu breit sollte die Sitzgelegenheit der Hühner auch nicht sein, da ansonsten das Ausmisten zu aufwendig wird. Sitzstangen mit einer Länge von 1,5 m sind optimal. Alles, was länger ist, läßt sich schwer ins Freie schaffen. Das gilt auch für die Kotgrube bzw. -bretter. Diese sollten leicht zerlegbar sein, damit der Transport nach draußen zum Reinigen nicht allzu umständlich ist.

Eine große Erleichterung bringt eine Kotwanne auf Rädern. Wenn diese dann noch durch eine Klappe nach hinten bzw. zur Seite aus dem Hühnerstall hinausgefahren werden kann, ist der Stall im Nu ausgemistet. Hier sind dem Erfindergeist keine Grenzen gesetzt. Eine Kotwanne auf dem Boden nimmt mehr Platz in Anspruch als eine direkt unter den Sitzstangen gelegene. Das gleiche gilt für das Kotbrett und die Kotgrube.

Die Vorteile einer spezifischen Kotablage in Form eines Brettes, einer Wanne oder Grube sind die größere Hygiene im Stall, der Schutz vor Kälte und Zug von unten, Platzgewinn für das Scharren und die Legenester und ein komfortableres Reinigen des Stalles.

Den Zersetzungsgeruch des Kotes kann man durch Belüften in Grenzen halten: Kein Frontbrett anbringen, Abstand von 20 cm zwischen Maschendraht und Kotbrett einhalten und die Kotwanne mit ein paar Löchern versehen. Wenn dies nicht ausreichend Abhilfe schafft, kann das austretende Ammoniak (NH_3) durch Ausstreuen von Kalk ($CaCO_3$) gebunden werden.

Die Eiablage in Nestern

Ein Hühnerstall ohne Legenester ist undenkbar. Denn dies würde den Tieren sehr viel Kreativität und dem Halter einiges an guten Nerven abverlangen. Die Hennen müßten sich etwas Passendes im Stall suchen, ansonsten käme nur noch das Verlegen im Freien oder beim Nachbarn in Frage. Da Hennen aber den Ort der Eiablage immer wieder wechseln, wird es dann sehr mühsam, die abgelegten Eier auch wieder rasch zu finden. Eier, die lange liegen, können zudem als Nahrungsmittel nicht mehr verwendet werden. Wer das verhindern möchte, muß Legenester bauen oder kaufen.

Für wenige Hühner reicht es auch aus, an einer dunklen Stelle eine leere Apfelkiste oder einen Korb mit kleingehäckseltem Stroh, Heu oder Spelzen aufzustellen. Durch das Hineinspringen der Hennen in das Nest können aber immer wieder Eier zu Bruch kommen. Eine sogenannte Anflugstange kann das behutsame Erreichen des Ablageplatzes erleichtern. Dadurch kommen weniger Eier zu Bruch. Des weiteren hilft eine zur Seite gelegte Kiste den Hennen, das Nest vorsichtig zu betreten. Ein Brett vor der Öffnung verhindert, daß Eier und Einstreu herausfallen.

Dennoch sollte dieser Art von Nestern nicht unbedingt der Vorzug gegeben werden. Hühnerhaltungs-experten sowie der Fachhandel unterscheiden drei verschiedene Arten von Legenestern:

• Einzelnester
• Fall- bzw. Fallennester
• Gemeinschafts- oder Familiennester

Die unterschiedlichen Ausführungen können fertig beim Fachhandel bezogen werden. Wer gerne bastelt, kann sie auch selbst anfertigen. Das Einzelnest ist bereits beschrieben worden. Für zehn Hennen rechnet man mit drei Legenestern, was 1 1/2 Obstkisten entspricht. Doch schon zwei Legenester reichen meistens aus.

Dem Bedürfnis der Hühner nach einer etwas dunklen Stelle mit wenig Lichteinfall für die Eiablage muß Rechnung getragen werden. Das steht nicht im Widerspruch zu der Forderung, daß der Stall in seiner Gesamtheit hell sein sollte. Für die Eiablage muß allerdings das Legenest innen halbdunkel bis dunkel sein. Außerdem sollte es mindestens 30 cm breit, 40 cm hoch und ebenso tief sein. Für Zwerghühner reichen 30 x 30 x 30 cm aus.

Wer Hennen nur der Eier wegen und nicht zur Zucht hält, für den ist das Familien- oder Gemeinschaftsnest das richtige. Es wird von den Hennen gerne gleichzeitig aufgesucht. Dies setzt voraus, daß die Nester

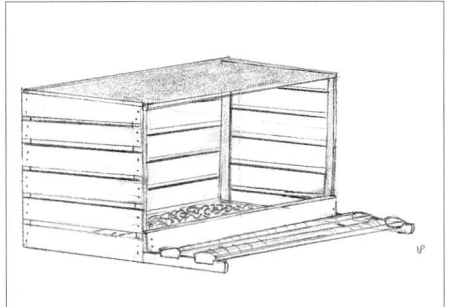

Hühner bevorzugen Nester mit Einstreu. Hochklappbare Anflugstangen verhindern, daß die Tiere in den Nestern übernachten und sie verschmutzen.

ausreichend abgedunkelt sind und trockene Einstreu aus Stroh, Heu oder bevorzugt Spreu, worin die Eier verschwinden und sauber bleiben, verwendet wird. Empfehlenswert sind weiters die grünen Wedel des Farns, die auch welk oder trocken sein dürfen. Parasiten mögen deren starken Geruch nicht und halten sich deswegen nicht in der Nesteinstreu auf. Allerdings sollte man die Einstreu hin und wieder austauschen und den Nestboden reinigen, gelegentlich auch desinfizieren.

Die Nester sollten mindestens 80 cm über dem Boden angebracht werden, zunächst nicht übereinander, sondern nebeneinander. Zum einen bleibt der Stallbereich unter dem Legenest hell, und die Hennen legen dort keine Eier ab. Zum anderen geht für die Tiere kein Freiraum verloren. Sind aber noch mehr Legenester erforderlich, so können sie übereinander aufgestellt oder an der Wand aufgehängt werden.

Es ist aber zu bedenken, daß die höher gelegenen Nester bevorzugt werden. Deshalb ist es angebracht, mehr Nester nebeneinander als übereinander anzubringen.

Für 25 Hennen sollte bei Gemeinschaftsnestern die Eiablagefläche mindestens 1/2 m² groß sein; für 50 Hennen dementsprechend 1 m². Der Zugang ins Nest ist vorne oder seitlich zu ermöglichen.

Um das Betreten der Nester zu erleichtern, sollte vor dem Zugang eine Stange verlaufen. Damit es davor kein Gedränge gibt, ist es ratsam, mindestens zwei Eingänge – vorne oder an der Seite – anzubringen. Ein schräges Dach verhindert, daß Hühner auf den Nestern übernachten und diese dabei verschmutzen.

Wenn die Nester höher als 1,20 m liegen, dann sollte mittels einer Hühnerleiter der Zugang zu den oberen erleichtert werden. Sollten die Sitzstangen tiefer liegen als die obere Nestreihe, muß dafür gesorgt werden, daß die Hühner nicht in den Nestern übernachten. Das erreicht man auch durch einfaches Hochklappen der Anflugstangen oder indem man den Zugang mit einem vorgehängten Jutesack versperrt.

Wer die Eier den entsprechenden Hennen zuordnen möchte, um eine genaue Kontrolle über die Legeleistung zu haben, oder Hennen zur Zucht hält und sich für die Abstammung der Küken interessiert, dem sind die Fallennester zu empfehlen.

Diesem Vorteil der genauen Zuordnung der Eier zu den Hennen steht aber ein gravierender Nachteil gegenüber. Die Henne sitzt nach dem Betreten im wahrsten Sinn des Wortes in der Falle; sie kann nämlich von allein nicht mehr heraus und muß vom Halter aus ihrer mißlichen Lage befreit werden. Außerdem sollte eine Henne nie länger als zwei Stunden ohne Futter sein, ansonsten läßt ihre Legeleistung nach, und sie macht sich über das gelegte Ei her und kann so zu einer Eierfresserin werden. Im nachhinein läßt sich das Eierfressen schwer abgewöhnen.

Für den Abstammungsnachweis in der Hühnerhaltung bietet der Fachhandel Kontrollnester mit zwei Legestellen an, die ebenso mit Falle versehen sind, wodurch die Henne gefangen ist und nur vom Züchter befreit werden kann. Allerdings hat dieses Kontrollnest eine zusätzliche Fixiermöglichkeit der Klappen, wodurch es auch als ganz normales Nest verwendet werden kann.

Als Richtlinie für das Aufstellen von Fallennestern gilt, daß für drei Hennen ein Fallennest benötigt wird. Der leichteren Reinigung wegen sollten die Nester ohne Mühe herausnehmbar, wenn nicht sogar zerlegbar sein. Eine weitere Variante von Legenestern, die empfehlenswert ist, bietet der Fachhandel an: mehrteilige Abrollnester, die vorne offen sind und zwei waagrecht liegende Anflugstangen haben. Außerdem sind sie mit einem abgeschrägten Dach versehen. Ein Tip für jeden Geflügelstallbauer: an dem schrägen Deckel Scharniere anschrauben, so daß er aufklappbar ist und zwischen ihm und dem Legefachdachbrett allerhand Nützliches, wie Werkzeug, Eier, Spiralringe, Flügelmarken usw., abgelegt werden kann.

Es gibt auch ein vollautomatisches Legenest mit der Bezeichnung „Europa-Nest" (Deutsches Patentamt Nr. 4203637). Es wird mit drei Legestellen je Oberteil, Mittelteil und Unterteil angeboten und ist für zwölf Hennen geeignet, der Oberteil mit schrägem Dach hat zwei Legestellen. Für leichte und mittlere Hühnerrassen gibt es dieses Nest ohne Automatik oder Mechanik mit fünf Legestellen als Einzeloberteil, mit weiteren fünf Legestellen als Unterteil.

Wenn die Räumlichkeiten des Stalles groß genug sind, empfiehlt es sich, wie erwähnt, einen Vorraum mit einer Trennwand aus Holz oder Drahtgitter mit Türe zu bauen. In diesem können dann die Legenester aufgestellt bzw. an die Trennwand gehängt werden, so daß von hinten die Eier entnommen werden können. Die Hennen haben vom Stallraum aus Zugang zu den Nestern. Dadurch wird Platz geschaffen, und die Eierentnahme ist auf kürzerem Weg, ohne die Schuhe zu verschmutzen, möglich.

Die Futter- und Trinkstelle

Je nach Witterung müssen Hühner draußen oder auch drinnen gefüttert und getränkt werden. In der Regel sollte die Futterstelle im Freien überdacht sein. Es gibt auch nichts einzuwenden, wenn die Getreidemischung einfach auf einem trockenen Platz ausgestreut wird; allerdings in einer Menge, die von den Hühnern gänzlich aufgefressen wird, so daß über Nacht nichts liegenbleibt, was Mäuse und Ratten anziehen könnte.

Die Futter- und Trinkgefäße im Stall müssen so aufgestellt bzw. aufgehängt werden, daß die Hühner sie leicht erreichen. Man sollte aber auch nicht gleich darüber stolpern, wenn man den Stall betritt. Es muß eine Stelle ohne Wind oder Zugluft sein, die etwas vom Eingangsbereich wie auch vom Ausgangsloch entfernt ist und wo Hühnerkot wie Einstreu nicht hineingescharrt werden können. Ebenso sollten das Futter und das Wasser durch die Hühner nicht verspritzt werden können, so daß der Boden nicht naß wird und das

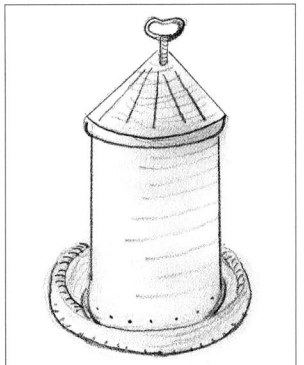

Hühnertränken mit automatischem Wassernachlauf liefern immer frisches und sauberes Wasser.

Futter nicht in den Ecken verschimmelt. Das erreicht man dadurch, daß der Futtertrog und die Wassertränke etwas erhöht aufgestellt bzw. aufgehängt werden. Darüber hinaus ist eine bestimmte Form wünschenswert.

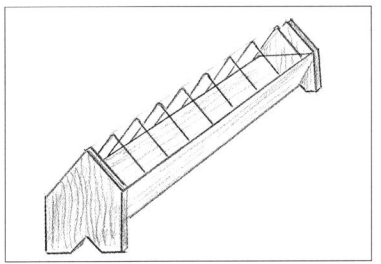

Am besten stellt man das Trinkgefäß auf ein Podest, das aus einem mit Drahtgeflecht überspannten Rahmen oder einem Holzrost besteht. Für das Körnerfutter erweist es sich als

Ein einfacher Holztrog mit einem Freßgitter, das aufklappbar ist, reicht vollkommen aus. Ratsam ist, eine Abwehrrolle anzubringen, um das Aufsitzen der Hühner zu verhindern.

vorteilhaft, einen Futtertisch aufzustellen, auf dem der Futtertrog steht. Dieser Tisch darf bis 50 cm hoch sein. Podest und Tisch sollten etwas größer als die Futter- und Trinkgefäße sein, damit die Tiere bequem darauf stehen können. Den gleichen Effekt kann man durch das Aufhängen der Gefäße über dem Stallboden erzielen.

Gefäße aller Art bieten sich an, dennoch sind nicht alle gleich gut zur Bereitstellung von Futter und Wasser geeignet. Vor allem müssen die Gefäße bruchfest und leicht zu reinigen sein. Die Tiere müssen das Futter und das Wasser bequem aufnehmen können, ohne es durch Herausscharren unnütz zu vergeuden.

Bei der Herstellung bzw. dem Kauf des Futterbehälters sollte bedacht werden, daß der Tagesbedarf einer Henne großer Rasse bei ca. 50 g Körnern und ca. 70 g Legemehl liegt. Das Fassungsvermögen muß entsprechend der Hühnerzahl ausgelegt werden. Für wenige Tiere genügt ein einfacher Trog oder ein Gefäß aus Holz oder Stein für das Futter. Für Trinkwasser bieten sich Stein- wie auch Plastikgefäße an. Aber auch Geflügeltränken aus feuerverzinktem oder emailliertem Blech sind bestens geeignet. Der Fachhandel hat eine breite Palette von Trink- und Futtergefäßen im Programm. Keine Verwendung finden sollten Blechteller, Blechbüchsen, Margarinebecher etc.

Solche leichten Gefäße werden von den Hühnern immer wieder umgekippt und sind auch nicht schön anzusehen. Sie gehen außerdem rasch kaputt und müssen immer wieder ersetzt werden.

Eine Vielzahl von Futter- und Trinkgefäßen ist im Handel erhältlich:

- Kükentröge aus verzinktem Blech, mit aufschieb- und abnehmbarer Freßplatzeinteilung; 30 cm lang für 16 Plätze, 50 cm lang für 24 Plätze.
- Kükentröge aus feuerverzinktem Blech mit aufklappbarem Freßgitter, in verschiedenen Längen.
- Jung- und Alttiertröge, in verschiedenen Maßen.
- Kunststofftröge mit Freßgitter für Küken, Jung- und Legehennen.
- Kunststofftröge mit Abwehrrolle, in unterschiedlichen Größen. Die Abwehrrolle verhindert das Aufsitzen der Hühner und somit die Verunreinigung des Futters.
- Geflügelautomaten aus Kunststoff oder verzinktem Blech zum Aufstellen und Aufhängen, in verschiedenen Größen.
- Schwebetröge mit dreiteiliger, kräftiger Aufhängerkette, mit breitem Freßnapf zur Verhinderung von Futterverlusten.

Wer handwerkliches Geschick hat, kann sich aber auch selbst einen Holztrog anfertigen. Besser als ein großer sind mehrere kleine. Ratsam ist, diese mit drehbaren Holzleisten – um das Aufsitzen der Hühner zu verhindern – und einer rundherum nach innen angebrachten Holzleiste zu versehen, damit das Futter nicht herausgescharrt werden kann. Wenn möglich, sollten die Futterautomaten und -tröge im Freien ein Regendach erhalten.

Es verwundert, daß der Fachhandel verzinktes Blech verwendet, da doch bekannt ist, daß saure Milch, wenn sie zur Hühnerfütterung verwendet wird, Zink leicht oxidiert und dabei giftige wasserlösliche Zinkverbindungen entstehen können. Glasierte Tröge aus lackgebranntem Blech oder Reinaluminium eignen sich besser; die Tröge sind dann aber etwas teurer. Die Behältnisse sollten nie ganz gefüllt werden, da die Hühner sonst einiges an Futter, trotz nach innen überstehender Seitenwände, herausscharren könnten.

Alte Kochtöpfe als Trinkbehälter zu benutzen, hat den Nachteil, daß diese sehr schnell verschmutzen. Außerdem werden sie, sofern sie klein sind oder nur noch wenig Wasser enthalten, auch leicht umgeworfen. Für eine führende Glucke sind sie absolut nicht geeignet, da in ihnen ein Küken ertrinken könnte.

Immer sauberes Wasser liefern spezielle Hühnertränken, die ebenfalls vom Fachhandel angeboten werden: Wenn sie etwas größer dimensioniert sind, so kann, wie das Futter bei den Automaten, das Wasser für mehrere Tage reichen. Das hat den Vorteil, daß man auch einmal ein paar Tage wegfahren und die Hühner unbeaufsichtigt lassen kann. Besser ist es aber, jemanden zu beauftragen, hin und wieder nach den Hühnern zu schauen.

Was der Fachhandel an Vorratstränken anbietet, ist im folgenden aufgelistet:

- Stülptränken aus sehr stabilem Kunststoff mit Bajonettverschluß und Tragring, geeignet auch zum Aufhängen. Fassungsvermögen von 1 bis 10 l.
- Automatische Hängetränken mit acht Nippeln. Die leichte Höhenverstellbarkeit ermöglicht eine absolute Bodenfreiheit für alle Tiergrößen. Automatische Wasserbefüllung des Tränkekörpers durch ein Federventil. Füllhöhe einstellbar. Nur für Niederdruck geeignet.

- Geflügeltränken mit sechs Trinklöchern. Der große Einfüllstutzen ermöglicht ein Reinigen der Tränke von innen. Mit Einfüllskala zur genauen Dosierung bei Zugabe von Vitaminen, Medikamenten etc.
- Tränkeeimer mit automatischem Wassernachlauf. Durchmesser ca. 30 cm, verzinkt, standsichere und bewährte Konstruktion. Bequemes Tragen am Bügel.
- Hühnertränken mit automatischem Wassernachlauf, Bajonettverschluß und Doppelzylinder. Einfache und funktionssichere Konstruktion, feuerverzinkt oder aus Kunststoff. Größenordnungen von 5, 7, 10, 15, 20, 30 l, etwas kleiner auch für die Kükenaufzucht.
- Siphontränken, für Hoch- und Niederdruck geeignet. Feuerverzinkt oder aus Kunststoff.
- Rundtränken, feuerverzinkt, für Hoch- und Niederdruck; aus Kunststoff nur für Niederdruck.

Für welchen Trinkbehälter man sich entscheidet, liegt wohl an der Geldbörse, aber sicher auch daran, ob man das Einfache, Herkömmliche oder die Technik liebt. Wichtig bei der Anschaffung ist vor allem, daß man sich im klaren ist, welches Fassungsvermögen die Tränke haben muß. Zehn Hennen benötigen pro Tag etwa zwei Liter Wasser, und für zwanzig rechnet man bereits mit fünf Litern.

Ständiges Nachlaufen von Wasser erreicht man auch, wenn man eine Flasche mit Wasser füllt und sie mit dem Flaschenhals voraus in ein Tongefäß steckt, so daß das Wasser im Gefäß bis zur Flaschenöffnung reicht und stetig getrunken werden kann. Das Wasser läuft somit ständig nach. Man kann die Flasche an einem Ständer oder an der Wand befestigen. Für eine kleine Hühnerschar reicht diese Methode der Wasserbevorratung vollständig aus.

Grünfütterung

Wenn die Zahl der Hühner etwas zunimmt, das Gras immer weniger wird und schließlich abgefressen ist, dann muß Grünfutter zugefüttert werden. Das ist auch im Winter der Fall. In dieser Zeit – etwa von Anfang November bis Ende März – sollte zumindest versucht werden, den Hühnern täglich etwas Grünfutter in Form von Blättern des Rosenkohls (Sprossenkohls), des Lauchs, des Rot- und Weißkrauts, des Grünkohls oder auch von Außenblättern winterharter Salatsorten zu geben. Auch Klee und Rüben werden gerne gefressen.

Das Grünzeug sollte aber nicht nur auf den Stallboden gestreut werden, sondern gehört in einen Grünfutterbehälter, eine Raufe, die an der Wand befestigt wird. Auch eignet sich ein Drahtkorb zur Aufnahme von Grünzeug bestens. Diesen läßt man von der Decke hängen, und zwar so weit herunter, daß die Tiere an das Futter gelangen, ohne sich strecken zu müssen.

Die beste Art und Weise, Futterrüben anzubieten, ist, sie auf Nägeln oder spitzen Stöcken aufzuspießen. Der Geflügelhalter sollte sich aber beim Aufspießen der Rüben oder beim Vorbeigehen nicht verletzen können. Die Zugabe von kleingehackten Möhren in einem offenen Behältnis ist für die Gesunderhaltung der Tiere nicht zu unterschätzen.

Der Grit

Die Hühner benötigen aber zum Aufpicken noch etwas ganz Banales, nämlich kleine Steinchen, die die Verdauung wesentlich unterstützen. Man nennt sie Grit, sofern es sich um scharfkantige Kiesel-,

Kalk- und Quarzsteinchen handelt. Dem Grit gibt man noch Holzkohle, gegen Verdauungsstörungen, Durchfall und Blähungen, sowie Kalk, für den Knochenbau und für die Bildung von Eierschalen, bei.

Nicht immer sind Mineralien dieser drei Stoffe in ausgewogener Menge im käuflichen Mischfutter enthalten. Manche Ausläufe der Hühner sind ebenfalls unterversorgt an bestimmten Mineralstoffen. In unterschiedlichen Lebensphasen, wie Wachstum, Mauser und vermehrte Legetätigkeit, sowie auch bei erhöhter Streßanfälligkeit im Winter, wegen ungenügenden Auslaufs und zugeschneiten Bodens, steigt der Bedarf an lebensnotwendigen Mineralien.

Wenn man einen sogenannten Gritkasten selbst baut, sollten am besten drei Fächer zur getrennten Aufnahme der Zusatzstoffe eingeplant werden. Die Tiere können dann entscheiden, wieviel sie von jedem fressen.

Die Einstreu zum Scharren

Das Aufpicken ist ein instinktiver Vorgang beim Huhn, ebenso das Scharren. Es sind angeborene, dem Huhn eigene Verhaltensweisen, denen der Halter gerecht werden muß. Hühner wollen und müssen immer etwas zu scharren haben. Im aufgescharrten Material picken sie sich dann etwas heraus, was ihnen zu schmecken scheint. Das Herumpicken ist nicht wahllos, sondern gezielt. Ständig suchend und scharrend sind die Hühner unterwegs.

Aufgrund von schlechtem Wetter oder auch aus anderen Gründen gehen nicht alle Hühner gleichzeitig ins Freie. Wenn es stark regnet, schneit oder recht kalt ist, halten sich die Hühner auch einmal beinahe den ganzen Tag über im Stall auf. Dort wollen sie ebenfalls durch Scharren der Futtersuche nachgehen. Diesem Instinktverhalten muß man gerecht werden, indem man ihnen einen weichen Untergrund zur Verfügung stellt, auf dem sie scharren können. Der Platz dafür sollte vorhanden sein, da die Sitzstangen und die Kotfläche nur einen begrenzten Raum einnehmen.

Man streut auf die freie Fläche am besten ein Gemisch aus kurzgeschnittenem Roggen- oder Weizenstroh und Hobelspänen (nur von chemisch unbehandeltem Holz). Auch wenn immer wieder Torf als Einstreu empfohlen wird, muß dennoch davon abgeraten werden. Torf sollte aus Naturschutzgründen in den Hoch- und Niedermoorgebieten bleiben. Der Fachhandel bietet in der Zwischenzeit umweltfreundliche Ersatzstoffe an, die sich bestens eignen und nicht so stauben wie Torf. Diese Mittel absorbieren ebenfalls die Feuchtigkeit und den Geruch, darüber hinaus verrotten sie zu Kompost.

Bei dem heute vielfach empfohlenen Tiefstreuverfahren kann auch mit dem Ausbringen einer 10–30 cm hohen Mist- oder Strohschicht begonnen werden. Andere Mischungen eignen sich ebenfalls zur Einstreu: Sägemehl (ebenfalls nur von chemisch unbehandeltem Holz), Torfersatzstoffe, Getreideabfälle, geschrotete Maiskolben, Laub, Farnkraut, Heublumen und gehäckseltes Heu.

Die erste Einstreu sollte eine Tiefe (Höhe) von 10–15 cm haben, deswegen nennt man diese Art der Einstreu auch Tiefstreu.

Es ist darauf zu achten, daß die Einstreu nicht zu trocken und nicht zu feucht wird. Beim Zusammenballen in der Hand darf die Tiefstreu keine Klumpen bilden, sondern sie soll feucht-krümelig zerfallen. Eine gute Konsistenz erreicht man, wenn von Zeit zu Zeit etwas Einstreu aufgelegt wird, am besten wöchentlich. Zuvor muß jedoch die Unterlage etwas aufgelockert werden, damit sie gut belüftet wird und sich ein reges Bodenleben entwickeln kann. Die Gesamthöhe sollte 40 cm nicht überschreiten. Als Endprodukt erhält man durch den Umwandlungsprozeß einen gut gereiften, trockenen Kompost.

Fügt man gelegentlich ein Gemisch aus Körnern und Spreu hinzu, so scharren die Hühner noch lieber in der Einstreu.

Eine solcherart aufgebaute Einstreu schadet den Hühnern nicht, ganz im Gegenteil: Es bilden sich auf dieser Tiefstreu wachstumsanregende Stoffe wie beispielsweise Vitamin B_{12}. Das Entmisten braucht in der Regel nur einmal im Jahr durchgeführt zu werden. Ist aber die Unterlage feucht und nicht zu trocken, zudem noch verschimmelt und durch Kot verklebt, dann ist es ratsam auszumisten.

Wer keinen richtigen Scharraum zur Verfügung hat, auch keine Kotgrube, muß unbedingt wöchentlich entmisten. Denn nur dann ist gewährleistet, daß Schadstoffe sich nicht vermehren und die Hühner nicht dadurch infiziert werden.

Die künstliche Beleuchtung

Der Verein gegen tierquälerische Massentierhaltung e. V. in Heikendorf bei Kiel empfiehlt folgende Beleuchtung zur Verlängerung des Tageslichts, wenn bei der Hühnerhaltung auf gute Legeleistung Wert gelegt wird. Pro Quadratmeter Stallgrundfläche sind ca. 3 Watt erforderlich, d. h. eine 40-Watt-Birne auf 12–14 m² Stallgrundfläche. Sitzstangen und Stallboden sind gleichmäßig zu beleuchten; die Lampen sind in einer Höhe von 1,8–2 m, keinesfalls niedriger als 1,5 m aufzuhängen. Leuchtstoffröhren sind gut geeignet und im Gebrauch billiger. Es ist so zu beleuchten, daß die Tiere insgesamt 13–14 Stunden lang Licht – natürliches und künstliches zusammengezählt – haben.

Die einfachste, bequemste und den Tieren am ehesten entsprechende Methode ist die Morgenbeleuchtung.

Hühnerküken sind Nestflüchter. 21 Tage dauert es, bis aus den bebrüteten Eiern Küken schlüpfen. Danach verläßt die Glucke mit ihnen das Nest, und sie versuchen, sofern sie in einem beengten Stall untergebracht sind, möglichst rasch nach draußen zu kommen.

Eine pünktliche und regelmäßige – am besten automatisch geregelte – Einschaltung ist besonders zu beachten. Zu Beginn und am Ende der Beleuchtungszeit ist auf langsame Steigerung bzw. auf stufenweise Kürzung mit täglich nicht mehr als 10 Minuten Differenz (im Verhältnis zum Vortag) zu achten. Bei Unterbrechungen oder plötzlichem Ende der Beleuchtung kommt es zu Schädigungen der Tiere, zur Mauser und zum rapiden Abfall der Legeleistung. Als Anhaltspunkte für die Beleuchtungszeit mögen folgende Zahlen dienen:

Monate:	Sept.	Okt.	Nov.	Dez.	Jan.	Feb.	März
Einschaltung:	5.00	4.00.	3.30	3.30	4.00	4.15	5.30
Ausschaltung:	6.30	7.00	8.00	8.30	8.00	7.45	6.30

Es empfiehlt sich, diese Richtlinien des Vereins gegen tierquälerische Massentierhaltung zu beachten und einzuhalten.

Wer Hühner aber nicht der optimalen Legeleistung wegen hält, sondern aus Freude am natürlichen Lebensablauf, greift nicht in ihren Biorhythmus ein, sondern überläßt es ihnen, wann sie abends schlafengehen und morgens aufstehen wollen.

Ins Freie kann man Küken und Glucke schon recht bald lassen;
am besten jedoch nicht vor dem dritten Tag. Der Platz sollte trocken sein. Jede
Witterung ist erlaubt, außer Regen und Wind.

Die Hühnerfütterung

Um den Stoffwechsel aufrechtzuerhalten, einfacher gesagt, um zu leben, benötigt ein Huhn die chemischen Elemente, die in seinem Organismus nachweisbar sind. Die Grundbausteine wie Kohlenstoff, Wasserstoff, Stickstoff werden durch die Grundnährstoffe Eiweiß, Fett und Kohlenhydrate zugeführt. Phosphor, Kalzium, Magnesium, Eisen, Natrium, Mangan, Zink, Schwefel, Selen und weitere Spurenelemente sind ebenso Bestandteile des tierischen Organismus.

All diese Stoffe sind für eine gesunde Entwicklung vonnöten, die einen mehr, die anderen weniger. Wildhühner suchen sich ihre Nahrung in der Natur und finden in der Regel auch das Futter – tierisches und

Verdorbene Speisen, verschimmeltes Brot und Obst sollten den Hühnern nicht gefüttert werden.

pflanzliches –, das sie zum Leben benötigen: Sämereien von Gräsern, Grünzeug wie Kräuter und Gräser, Kerbtiere, Würmer, Schnecken, Larven, Fliegen, Ameisen usw.

Haushühner kommen im freien Auslauf, es sei denn in einem Bauernhof mit Obstgarten, nur bedingt von allein an die lebensnotwendige Nahrung. Das Umfeld ihres Lebensbereiches ist zu klein, in der Regel auch zu aufgeräumt, zu unnatürlich, um ohne Zusatzfütterung eine ausreichende Versorgung zu gewährleisten. Wenn der Auslauf groß und gut bewachsen ist und Gräser sowie Blumen stehenbleiben dürfen, dann kann zumindest auf die Zufütterung synthetischer Vitamine und höhere Eiweißgaben verzichtet werden.

Auch wenn man der Meinung ist, daß der Auslauf genügend Kleinlebewesen zu bieten hat, deckt ein umgrenzter Garten, wie erwähnt, nur in den seltensten Fällen das ganze Jahr über den täglichen Bedarf an eiweißlieferndem Kleingetier. Allein durch die natürliche Futteraufnahme ist der für den Ablauf der normalen Lebensprozesse des Huhnes nötige Bedarf nicht gedeckt, zumindest nicht in der kalten Jahreszeit.

Anders sieht es vom Frühjahr bis zum Herbst aus. In diesem Zeitraum ist die Zufütterung von eiweißhaltigem Futter nicht notwendig, sofern der Garten auch wirklich groß genug ist.

Trotz der Schwankungen in der Menge der Aufnahme von Eiweißträgern (Insekten, Würmern, Larven) und Grünfutter, als Träger vor allem der Vitamine A, B, C und E, erkranken die Tiere bei dieser Art der Haltung nicht so leicht. Sie haben Reserven gespeichert und gleichen dadurch einen Mangel aus.

Es bleibt festzuhalten, daß um so weniger zugefüttert werden muß, je vielseitiger der Bewuchs und das Angebot an Futter sind. Es leuchtet ein, daß mit Beginn des Winters eiweißhaltiges Futter zugefüttert werden muß.

Experten sind sich nicht einig, wie groß die Auslauffläche mit Grasbewuchs für ein Huhn sein sollte, damit kein zusätzliches Eiweißfutter gegeben werden muß. Die einen meinen, 20 m² genügen, andere plädieren für 120 m² Auslauffläche.

Mit Sicherheit läßt sich auch keine allgemeine Formel aufstellen, was den Rückgang des Eiweißbedarfs im Sommer und die Einsparung von Futter insgesamt betrifft.

Von größter Bedeutung in der Kleintierhaltung ist es, auf die „Wünsche" der Tiere und ihre Futtervorlieben einzugehen. Bei Hühnern sollte der Satz „Hunger ist der beste Koch" keine Anwendung finden. Beliebt bei ihnen ist leicht Verzehrbares, „die Augen essen mit". Form, Feuchtigkeit und Teilchengröße spielen eine nicht zu unterschätzende Rolle. Selbstverständlich wissen die Hühner sehr schnell, welches angebotene Futter ihnen am besten geschmeckt hat.

Das bedeutet aber nicht, daß ihnen durch die alleinige Aufnahme dieses Futters auf die Dauer auch alle lebensnotwendigen Stoffe zugeführt werden. Die Hühner bevorzugen ein bestimmtes Futter und lassen das andere liegen, sofern das eine sie sättigt. Es ist also wichtig, entsprechend zu variieren. Das günstigste Nährstoffverhältnis ist 1 Teil verdauliches Eiweiß und 4 bis 5 Teile stickstofffreie Nährstoffe (Fett und Kohlenhydrate). Zur täglichen Futtermenge in diesem Verhältnis muß noch eine bestimmte Menge an Ballastfutter hinzugefügt werden.

Junge Tiere im Wachstum und Hennen im Legealter sollten etwas mehr Eiweiß bekommen als Hähne, die gemästet werden.

Oberstes Gebot der Hühnerfütterung sollte sein, daß man die Tiere mit hofeigenem Futter versorgt.

Für den Liebhaber-Geflügelhalter bedeutet dies, Futter, das aus der näheren Umgebung stammt, zu verwenden. Man sollte Futter aus ökologisch wirtschaftenden Betrieben bevorzugen.

Futtermischungen können unter Einbeziehung von Grünfutter aus dem Garten selbst zusammengestellt werden. Das Nährstoffverhältnis, das Verhältnis der organischen Baustoffe zueinander, muß ausgewogen sein. Das heißt aber nicht, daß das Futter unbedingt jeden Tag abgewogen werden muß; vielleicht zu Anfang der Hühnerhaltung, damit man ein Gefühl hat, welche Menge die Hühner täglich brauchen. Der Wert eines Futtermittels soll aber nicht für sich allein betrachtet werden. Die verabreichte Menge darf nicht wegen der ungünstigen Nährstoffverhältnisse erhöht werden, um dann zu der erforderlichen Menge an Kohlenhydraten, Eiweiß und Fett zu kommen. Am Beispiel der Kartoffel soll dies erläutert werden.

Die Kartoffel enthält pro 100 g 1,5 g Eiweiß und 18,6 g Kohlenhydrate (Nährstoffverhältnis 1:12,4). Allein ist sie ein ungeeignetes Futtermittel, auch wenn sie von den Hühnern gerne gefressen wird.

Fügt man der Kartoffel zu gleichen Teilen Magermilch und Weizenkleie hinzu, so verschiebt sich das Nährstoffverhältnis von dem ungünstigen Wert 1:12,4 zu dem akzeptablen Wert 1:3,8. In dieser Mischung ist die Kartoffel somit ein für die Hühner durchaus geeignetes Futtermittel.

Bei legenden Hühnern nimmt man ein Nährstoffverhältnis zwischen 1:3 und 1:4 als optimal an. Interessant ist, daß ein Nährstoffverhältnis von 1:4 hohe Legeleistung und schnelles Wachstum fördert, hingegen ein Verhältnis von 1:12 den Fettansatz begünstigt.

Zu errechnen sind die Nährstoffverhältnisse aus den Futtertabellen, in denen die Futtermittel, die sich zur Hühnerfütterung eignen, aufgelistet sind. In waagrechter Spalte sind pro 100 g Futtermittel der Eiweiß-, der Fett- und der Kohlenhydratgehalt in Gramm angegeben. Das Nährstoffverhältnis errechnet sich dadurch, daß die Fettnährstoffzahl mit dem Faktor 2,3 multipliziert und zum Kohlenhydratgehalt hinzuaddiert wird. Das Ergebnis wird durch den Eiweißfaktor dividiert. Man erhält eine Zahl, die dann in das Verhältnis zu 1 gesetzt wird, und daraus resultiert das Nährstoffverhältnis. Liegt der Wert für Legehennen erheblich außerhalb des Verhältnisses von 1:3 bis 1:4, so muß anderes Futtermittel entsprechend zugemischt werden, bis man auf diesen empfohlenen Wert kommt.

100 g Futtermittel enthalten (in g)

Futtermittel	Eiweiß	Fett	Kohlenhydrate	Nährstoffverhältnis
Brennesselmehl	12,2	3,2	28,3	1:2,9
Buttermilch	3,3	0,9	3,3	1:1,6
Fischmehl	54,8	4,5	–	1:0,2
Fleischknochenmehl	45,6	8,5	–	1:0,4
Garnelen	51,2	2,9	–	1:0,1
Wintergerste	6,4	1,1	54,6	1:8,8
Sommergerste	7,9	7,9	61,0	1:8,1
Gerstenschrot	6,3	6,3	54,7	1:9,2
Hafer	7,9	3,9	41,0	1:6,3
Haferflocken	12,4	5,4	59,7	1:5,8
Haferschrot	6,5	3,8	18,6	1:8,5
Kartoffeln	1,5	–	18,6	1:12,4
Magermilch	3,6	0,2	4,5	1:1,4
Mais	7,1	3,7	60,0	1:7,6
Maisschrot	8,9	3,8	57,5	1:7,4
Roggen	8,3	0,4	57,5	1:7,0
Roggenkleie	10,1	1,8	34,7	1:3,8
Quark (Topfen)	26,2	0,6	0,5	1:0,07
Sojaschrot	37,5	1,5	23,2	1:0,7
Sonnenblumenkerne	12,1	29,0	9,6	1:6,3
Winterweizen	7,2	0,6	59,0	1:8,4
Sommerweizen	8,6	0,6	57,4	1:6,8
Weizenkleie	10,2	2,4	30,0	1:3,5
Weizenschrot	8,0	0,9	56,4	1:7,3
Zuckerrübenschnitzel	1,4	–	74,1	1:53,0

Übernommen aus: Baumeister/Meyer, Geflügelhaltung als Hobby, 1994, mit freundlicher Genehmigung des Falken Verlages.

Wichtig ist, daß man bei der Bereitstellung des Futters wie auch des Wassers darauf achtet, daß die Tiere die Nahrung nicht zu schnell zu sich nehmen können. Das erreicht man dadurch, daß der Futtertrog und die Tränke weit voneinander entfernt aufgestellt werden, wodurch die Hühner hin- und herlaufen müssen. Zudem sollte auch entsprechend geschrotetes, mehliges Futter dabei sein. Zu dessen Aufnahme und zur gleichzeitigen Aufnahme von entfernt stehendem Wasser ist ein Mehr an Zeit erforderlich. Das verhindert das Aufkommen von Langeweile und die Folgeerscheinungen des Federpickens und Eierfressens.

Wer das Futter selbst zusammenstellt, sollte, wie bereits empfohlen, darauf achten, daß das Gesamtnährstoffverhältnis bei 1:3 bis 1:4 liegt. Es ist nur allzu verständlich, daß viele Menschen von der Hühnerhaltung abgeschreckt würden, wenn das Abwiegen der Futterration täglich, morgens wie abends, exakt eingehalten werden müßte. Dem ist Gott sei Dank nicht so. Sehr schnell entwickelt man ein Gespür dafür, welche Menge von welchem Futter die Tiere zur Erhaltung ihrer Vitalität und Leistung benötigen. Einmal viel, einmal zuwenig, das schadet ihnen überhaupt nicht. Zudem gibt es auch Futterautomaten, die Futter über mehrere Tage reichlich und ausgewogen zur Verfügung stellen und aus denen sich die Tiere selbst versorgen können.

Junghennen müssen spätestens ab der 7. Lebenswoche ein geeignetes Körnergemisch aus der Einstreu aufnehmen können. Mindestens 10 % der Futterration müssen bei Legehennen täglich als Körnergabe in die Einstreu verabreicht werden.

Es soll an dieser Stelle noch einmal in Erinnerung gebracht werden, daß die durch eigene Futtersuche mögliche Nahrungsaufnahme die Zugabe von speziellem Geflügelfutter nicht ersetzt. Es gibt einen gewissen Grundbedarf, der zufriedenzustellen ist. Man geht davon aus, daß zur Aufrecht-erhaltung des Energieumsatzes und der Legeleistung etwa 120 g Trockenfutter pro Tier und Tag als Grundfütterung in einer ausgewogenen Mischung benötigt werden. In Abhängigkeit von der Rasse wird eine Mischung für ausgewogen erachtet, wenn 25–30 g eiweißreiches tierisches oder pflanz-liches Futter und 80–100 g Getreide enthalten sind. Anders ausgedrückt, sollte die

Tagesration ungefähr

- 45–60 % Kohlenhydrate in Form von Getreide,
- 15–20 % pflanzliches Eiweiß (Soja- oder Rapsschrot),
- 5–15 % tierisches Eiweiß (Milch oder Milchprodukte),
- 3–10 % Fett (Ölkuchen),
- 5–10 % Mineralstoffe (Muschelkalk, Grit),
- 3–10 % Mühlennachprodukte (Kleie),
- 0,5–1 % Spurenelemente und Vitamine sowie
- 3–10 % Gras

betragen. Diese Prozentzahlen zeigen eine gewisse Spannweite, innerhalb deren sich die Futtermenge bewegen sollte. Die einzelnen Komponenten können gekauft und anschließend selbst gemischt werden. Zur Vereinfachung besorgt man sich je einen Sack Weizen, Gerste und Hafer sowie Weizen-, Gersten-, Mais- und Haferschrot und mischt alles zusammen. Dieser Mischung gibt man noch 20–30 % eiweißhaltiges Futtermittel in Form von Milch, Quark (Topfen), Molke und Trockenhefe sowie Muschelschalen und Kräutermischungen als Mineralstoffzusatz und zur Wirkstoffergänzung bei.

Junge Brennesseln, zartes Gras, Bohnen, Erbsen, Wickensamen, Kohl, Salat, Sonnenblumenkerne, Malzkleie, Klee, Unkraut, Silage, Abfälle von ausgepreßten Ölsaaten (Raps), Obsttreber, aber auch pflanzliche Küchenabfälle sind unerläßliche pflanzliche Eiweißträger. Diese enthalten darüber hinaus lebensnotwendige Vitamine und Mineralsalze, die den Stoffwechsel günstig beeinflussen und in Gang halten. Die Befruchtungsrate der Eier verbessert sich wesentlich, und die Schlupffähigkeit der Küken wird erleichtert. Es ist dies kein Ersatzfutter, sondern ein notwendiges Ergänzungsfutter. Die ganzjährige Fütterung damit ist unerläßlich. Was man im einzelnen gibt, ist nicht so wichtig. Für Abwechslung sollte man allerdings sorgen. Wer eine naturnahe Hühnerhaltung bevorzugt, kann auf Grünfutter nicht verzichten.

Wie bereits erwähnt, sollen den Hühnern noch Futterkalk von Muscheln oder aus einem Kalksteinbruch, scharfkantige Kiesel- und Quarzsteinchen (sogenannter Grit) sowie Holzkohle in einem dreiteiligen Gritkasten zur Verfügung gestellt werden. Im Winter runden aufgespießte Rüben und Kohl den Speiseplan ab.

Wer keine Lust oder keine Zeit hat, sich eine eigene Futtermischung zusammenzustellen und das Grünfutter bereitzustellen, dem bleibt nichts anderes übrig, als auf fertige Futtermischungen zurückzugreifen, am besten natürlich aus ökologisch wirtschaftenden Landwirtschaftsbetrieben. Die Mixturen werden auch in unterschiedlichen Zusammensetzungen von Futtermittelfirmen für Legehennen, Masthähnchen, Junghennen und Küken angeboten.

Ein Blick auf das Etikett kann nie schaden, er gibt Auskunft darüber, was in welcher Menge beigemischt ist. Die Beigabe von Medikamenten wie Antibiotika muß angeführt werden. Mischungen aus Ökobetrieben hingegen sind medikamentenfrei. Für den Hobbygeflügelhalter ist die Verfütterung medikamentierten Futters ein Tabu. Bekanntlich schadet dieses auch dem Menschen, der über die Eier und das Fleisch noch nicht abgebaute Arzneimittel aufnimmt. Dadurch können Krankheitskeime Resistenzen gegen das jeweilige Medikament bilden, das dann im Krankheitsfall nicht mehr wirkt.

Werden die Hühner so natürlich wie möglich gehalten und gefüttert, so sind sie dadurch in den meisten Fällen widerstandsfähig gegen Krankheiten. Medikamente sollten sie daher nur erhalten, wenn sie tatsächlich krank sind.

Die Futtermittelhersteller unterscheiden bei ihrem Angebot zwischen Legehennen-Futtermehl und Legehennen-Alleinfutter. Grundsätzlich hat man die Auswahl zwischen drei Futterformen:

- Futtermehl oder -schrot
- Körner mit Futtermehl
- Preßfutter

Die alleinige Fütterung von Futtermehl ist möglich. Alle erwünschten Bestandteile können in dieser Futterart enthalten sein. Die Tiere gewöhnen sich auch schnell an dieses nicht artgerecht zubereitete Futter. Wenn es angefeuchtet und dadurch trockenkrümelig wird, ist es erheblich leichter verzehrbar, da es schnabelgerecht vorliegt.

Wenn das Legehennen-Mehlfutter in einzelnen Komponenten gekauft wird – Gersten-, Hafer- und Maisschrot, Weizenkleie, Ackerbohnen- und Erbsenschrot –, ist darauf zu achten, daß es gut gemischt wird. Das Mehlfutter gibt es auch fertig gemischt als Mehl, Schrot oder in gepreßter Form als Pellets.

Um den Wünschen der Hühner noch mehr zu entsprechen, sollte aber nicht nur Legehennenmehl verfüttert werden, sondern dieses zusammen mit Körnern. Zusammen heißt aber nicht, daß beides in einem Trog oder Futterautomaten angeboten wird. Dies würde dazu führen, daß bevorzugt Körner gefressen würden und es zu einem Mangel an Eiweiß käme. Bei der gemischten Fütterung ist daher darauf zu achten, daß Körner und Mehl räumlich wie auch zeitlich getrennt verfüttert werden. Das Legehennenmehl kann im Futterautomaten oder zeitlich unbegrenzt in Trögen angeboten werden. So ist eine stetige Eiweißzufuhr sichergestellt. Abends gibt man dann eine abgewogene Menge Körner (50 bis 70 g je Tier), die gänzlich gefressen werden muß. Ansonsten wird die Körnergabe etwas reduziert. Sehr praktisch und sinnvoll ist es, frühmorgens beim Öffnen des Ausgangslochs auf den Vorplatz eine oder mehrere Handvoll Körner auszustreuen. Das lockt die Hühner aus dem Stall und regt sie zur Futteraufnahme auf dem Vorplatz und zur weiteren Futtersuche im Garten an.

Die Körnermenge muß genau bemessen sein. Bei zu hoher Gabe kommt es leicht zur Verfettung, zur Abnahme der Legeleistung einschließlich ungenügender Befruchtung der Eier wie auch zu dünnen Eierschalen. Schlechtes Ausschlüpfen der Küken wird ebenso beobachtet. Bei vielen Eiern kommt es zu gar keinem Ausschlüpfen.

Zur abendlichen Körnerfütterung ist dringend zu raten, da die Körner wegen ihrer schweren Verdaulichkeit länger in Kropf und Magen verbleiben als Mehl und Schrot. So kommt es zu einem langanhaltenden Sättigungsgefühl. Schnellere Sättigung führt rascher zu Langeweile und ihren Folgeerscheinungen.

Das Lieblingsgetreide der Hühner ist der Weizen, gefolgt von Mais und Gerste. An letzter Stelle steht der Hafer. Roggen wird gänzlich verschmäht. Man sollte Weizen nie allein verfüttern, auch wenn er den höchsten Eiweißgehalt hat, sondern immer mit anderen Getreidearten zusammen, da er zu Durchfall führt.

Die Fütterung der legefähigen Hennen mit fertigem Legehennen-Alleinfutter ist die einfachste Art, richtig zu füttern. Zum einen enthält das Futter alle Nährstoffe, Vitamine und Mineralien, die für die Hennen notwendig sind. Zum anderen wird es in geeigneter Struktur, d. h. Korngrößenverteilung, meist als Preßkorn, bedarfsgerecht angeboten. Häufig wird bei den Pellets die Rollen- bzw. Tablettenform bevorzugt. Das hat technische Gründe. Eine Weizenkornform mit glatter Oberfläche würde die ohnehin schon gute Verzehrbarkeit noch steigern. Und wenn die einzelnen Futterbrocken der Schnabelweite und Schlundgröße der jeweiligen Rasse angepaßt würden, dann wäre dies das Nonplusultra.

Auch die Küken nehmen die Preßkörner lieber an als feinkörniges Schrot und wachsen dadurch besser. Allerdings müssen die angebotenen Pellets als Preßkörner kleiner sein, damit sie auch leicht verzehrbar sind. Die Futterindustrie hat Kükenpreßkörner im Angebot; andernfalls müssen die großen, für die Legehennen hergestellten Preßkörner leicht geschrotet werden.

Ein Huhn benötigt pro Tag zwischen 110 und 130 g Alleinfutter, das entsprechend seiner Zusammensetzung keines Ergänzungsfutters bedarf. Es ist jedoch auch hier empfehlenswert, Grünfutter und schimmelfreie Küchenabfälle zur Abwechslung hinzuzufügen. Allerdings muß man bezüglich der Menge je nach Rasse unterschiedlich vorgehen. Einige Rassen neigen bei diesem Futter leicht zur Verfettung, andere fressen zuwenig. Dennoch sollten die Futtergefäße ständig gefüllt sein, sofern Legehennen-Alleinfutter als Mehl oder in Form von Pellets gefüttert wird.

Man kann sicher sein, daß keine Wachstumsförderer, synthetischen Aminosäuren, kein gentechnisch verändertes Soja oder Futtermittel aus der dritten Welt dem Futter beigemischt sind, wenn man es aus ökologisch wirtschaftenden Betrieben bezieht. In diesen sind Futtermittel tierischen Ursprungs, z. B. Fisch- oder Tiermehl, Abfälle aus der Gastronomie, wie Fette oder sonstige Speiseabfälle, und Leistungsförderer, wie die sehr umstrittenen Fütterungs-Antibiotika, ausdrücklich verboten.

Es kann nicht oft genug darauf hingewiesen werden, daß Hühner, die solches industriell hergestelltes Handelsmischfutter bekommen, immer reichlich sauberes Wasser zur Verfügung haben müssen. Es darf nie ausgehen!

Nicht vergessen werden soll, daß bei Hühnern das Weichfutter sehr beliebt ist und gerne gefressen wird. Hierunter versteht man weichgekochte Kartoffeln oder Topinamburs, die zerdrückt mit Wasser, Milch oder Molke und mit Getreideschrot vermengt werden. Selbstverständlich können auch Essensreste hinzugegeben werden. Zerkleinertes Grünzeug, gekochte Karotten, Magermilch, Fleischbrühe, weichgekochte Zuckerrüben und Brotreste sind als Beiwerk ebenfalls geeignet. Sie sollten zusammen mit den gekochten Kartoffeln und dem Getreideschrot in einem Trog den Hühnern zum Fressen angeboten werden.

Auch wenn gekochte Kartoffeln von den Hühnern äußerst gerne gefressen werden, so eignen sie sich wegen ihres geringen Eiweißanteils nur für die Mast. Hühner, die sich im Wachstum befinden, benötigen dringend Eiweiß, das ihnen durch die Kartoffeln mit einem Eiweißgehalt von 1,5 % nicht genügend geliefert wird.

Achtung: Weichfutter immer frisch anbieten, da es in der warmen Jahreszeit sehr schnell verdirbt, wenn es zu lange im Trog liegt. Es sollte nur morgens und/oder mittags gegeben werden, da es schnell verdaut wird. Bei allen Nachteilen des Weichfutters, wie Arbeitsaufwand und leichte Verderblichkeit, sollte es dennoch dem Legemehl und dem Korn vorgezogen werden, weil jeder selbst bestimmen kann, was er hinzugibt. In Erinnerung sei die BSE-Krise gebracht, als der Verbraucher allzuspät erfuhr, daß dem Futter infiziertes Tiermehl beigemischt war.

Zusammenfassend kann gesagt werden, daß es in der Regel vier Arten von Hühnerfutter gibt:

- Trockenfutter
- Körnerfutter
- Weichfutter
- Zusatzfutter

Immer sollte das Futter kombiniert werden, am besten aus allen vier Arten.

Aber nicht nur die Qualität des Futters ist ausschlaggebend; auch die Futtermenge hat großen Einfluß auf das Wachsen und Gedeihen wie auf die Leistung. Weichfutter und Körner sollten in der Regel von den Hühnern bei der Fütterung unverzüglich aufgefressen werden. Über Nacht darf nichts zurückbleiben.

Die Hühnerhaltung bietet für den Kleingärtner und die Hausfrau eine Möglichkeit, Garten- und Küchenabfälle sinnvoll zu entsorgen. Sie sind im Hühnermagen noch besser aufgehoben als auf dem Komposthaufen, der, wenn Essensreste darunter sind, Mäuse und Ratten anzieht. Man sollte aber darauf achten, daß keine scharfen Gewürze dabei sind, auch nicht zuviel Salz. Den Essig im

Salat sollte man zuvor mit reichlich Wasser verdünnen. Verdorbene Speisen, verschimmeltes Brot und Obst sollten nicht auf der Futterstelle der Hühner landen.

Schließlich seien noch einige allgemeine Fütterungshinweise genannt:

- Immer zur gleichen Zeit füttern, wenn von der Hand Getreidekörner ausgestreut werden.
- Futter auf mehrere Stellen verteilen, damit rangniedrigere Tiere auch zum Zug kommen und ihre Ration erhalten.
- Auf Reinlichkeit achten.
- Den Futterplatz wegen der Verschmutzung und zum Schutz der Grasnarbe immer wieder wechseln.
- Täglich nach dem Wasser schauen; besser zweimal als einmal. Der tägliche Wasserbedarf eines Huhnes ist doppelt so groß wie der Futterbedarf, nämlich $1/4$ l (250 g). Jeden Tag frisches Wasser geben und die Tränkrinnen sauber halten.
- Wer täglich zu einer gewissen Zeit füttert, schafft Abhängigkeit zwischen sich und den Hühnern. Dadurch engt man zwar seinen Freiraum ein, andererseits aber bereitet man sich und den Hühnern auch Freude.
- Einen größeren persönlichen Freiraum hat derjenige, der Futterautomaten und Selbsttränker aufstellt.
- Ständiges Vorhandensein von Futter zieht Mäuse, Ratten und Vögel an.

Zu guter Letzt darf nicht unerwähnt bleiben, daß derjenige, der seinen Hühnern nur Weizen bzw. Weizen und Gerste füttert, sie zuwenig mit dem für einen optimalen Stoffwechsel notwendigen Element Selen versorgt. Während Weizen einen Selengehalt von 3 μg/100 g Futtermittel hat, enthält Weizenkleie 60–130 μg/100 g. Eine ausgewogene Ernährung ist somit für Hühner sehr wichtig. Über die Eier und das Fleisch nimmt auch der Mensch das für ihn ebenfalls wichtige Selen auf.

Der tägliche Wasserbedarf eines Kükens ist doppelt so groß wie der Futterbedarf. Das Wasser sollte jeden Tag frisch gegeben werden, und die Trinkgefäße sind sauber zu halten.

Das Anschaffen von Hühnern

Immer noch unbefriedigend ist die Antwort auf die Frage: „War das Ei oder die Henne zuerst da?" Nach dem Hahn wird gar nicht erst gefragt.

Es ist jedem selbst überlassen, ob er seine Hühnerhaltung mit dem Kauf von befruchteten Eiern beginnt, die er von einer Glucke oder im Brutschrank ausbrüten läßt, oder ob er sich ein paar Hennen und einen Hahn besorgt.

Welcher Weg der richtige ist, läßt sich nicht eindeutig sagen. Voraussetzung ist natürlich, daß man sich für eine bestimmte Hühnerrasse entschieden hat. In

Ist die soziale Ordnung nach heftigen Kämpfen hergestellt, dann ist ein solch friedliches Nebeneinander von Hähnen durchaus möglich.

diesem Kapitel wird keine Entscheidungshilfe gegeben, welche Rasse die geeignetste ist, sondern es soll darauf eingegangen werden, was zu beachten ist, wenn man sich für Hennen und einen Gockel entscheidet, für eine Glucke mit Bruteiern, für eine Glucke mit Küken, für Jungtiere oder für das künstliche Ausbrüten der Eier, wohl wissend, daß man dann keine Glucke hat, welche die Küken führt.

Vor der Entscheidung, wie man mit seiner Hühnerhaltung beginnen möchte, muß man sich im klaren sein, welches Ziel im Vordergrund steht: Die Legeleistung oder ein guter, wohlschmeckender Sonntagsbraten; oder beides, Eier und Fleisch. Dann ist die Entscheidung zu treffen, ob man sich eine oder mehrere Rassen anschafft. Sicher spielt auch eine Rolle, wieviel Geld man in die Tiere investieren möchte. Rassegeflügel aus einer Zuchtanlage ist teurer als Hybridhühner aus einer Wirtschaftsgeflügelzucht. Wenn die Tiere prämiert worden sind, kosten sie noch etwas mehr.

Eines aber sollte man wissen: Rassegeflügel hält man sich nicht nur der Zucht, sondern auch einfach der Liebe zu einer schönen Hühnerrasse wegen, aus bloßer Freude an schönen Tieren. Der Züchter auf Schönheit und Leistung hat neben sich den Liebhaber von Hühnern wie auch den überzeugten Tierschützer, der Hühner wegen der artgerechten Haltung hält, damit sie in Freiheit leben können und nicht in Käfigen dahinvegetieren müssen.

Am günstigsten ist es, wenn mit der Hühnerhaltung im zeitigen Frühjahr begonnen wird. In diversen Geflügelzeitschriften werden bereits Küken angeboten, aber auch Junghennen wie legereife Hühner. Auf Geflügelausstellungen kann man sich nach Eiern oder entsprechenden Tieren umschauen. Es ist ratsamer, die Tiere direkt bei einem Züchter zu kaufen als bei irgendwelchen Händlern oder auf einer Geflügelbörse.

Reinrassige Hühner gibt es in guter Qualität meist nur bei Rassegeflügelzüchtern, mit einigen Ausnahmen auch bei größeren Zuchtbetrieben. Die Anschriften erhält man am leichtesten vom Geflügelzuchtverein in der unmittelbaren Umgebung oder auch auf Ausstellungen. Auf großen Rassegeflügelschauen gibt es Kataloge mit den Hühnerrassen und den Anschriften der entsprechenden Züchter. Diese besitzen in der Regel hochwertiges und gesundes Geflügel. Mit Glück kann man natürlich auch bei Geflügelmärkten schöne, gesunde Tiere kaufen. Aber meistens werden dort alte Tiere und Rassegeflügel, das nicht den Anforderungen des Rassestandards genügt, oder überschüssige Hähne angeboten.

Es leuchtet ein, daß mit der Hühnerhaltung, wenn möglich, im Frühjahr begonnen werden sollte. Folgende Gründe sprechen für diese Jahreszeit: Zum einen ist das Angebot an Küken und Jungtieren am größten, zum anderen gedeihen die Tiere mit zunehmender Wärme besser als im Herbst. Auch der Kontakt zu den Hühnern läßt sich im Frühjahr und Sommer besser aufrechterhalten, da die Tiere tagsüber die meiste Zeit im Freien verbringen.

Der Kauf von befruchteten Eiern

Der wohl billigste Weg, zu Hühnern zu kommen, ist jener über die Eier. Der Preis für ein Ei ist niedrig, und Eier werden von Hühnerhaltern auch gerne verkauft. Insbesondere im Frühjahr legen die Hühner gut, und so gibt es reichlich Eier. Das Risiko, daß sich nach der Brut – in der Regel Kunstbrut – nicht der gewünschte Erfolg einstellt, hält sich in Grenzen, auch wenn viele Faktoren die Entstehung eines Kükens beeinflussen.

Es ist wichtig, daß der Halter der Hühnerschar gefragt wird, ob er schon einmal mit Erfolg Eier der betreffenden Henne, unter Einbeziehung des Hahnes, der sich zur Zeit im Garten aufhält, ausbrüten ließ. Auch ist von Interesse, wie groß der Erfolg war. Wenn die Antwort zufriedenstellend ausfällt, sollte man sich danach erkundigen, wie alt die Eier sind und an welchem Ort sie gelagert wurden. Wie der Züchter mit den Bruteiern umgegangen ist, ist von großer Bedeutung. Die gelegten Eier müssen täglich aus dem Nest genommen und kühl gelagert worden sein, am besten bei einer Temperatur von 8 °C, aber nicht höher als 15 °C. Eine relative Luftfeuchtigkeit von 75 % ist erstrebenswert. Eier, die im Kühlschrank bei unter 5 °C gelagert worden sind, haben ihre Entwicklungsfähigkeit eingebüßt, zumindest steigt die Wahrscheinlichkeit, daß mißgebildete Küken ausschlüpfen. Der Züchter wie auch der Käufer müssen die Eier mit der spitzen Polseite nach unten stehend lagern bzw. transportieren. Liegen sie auf der Seite, dann müssen sie täglich um mindestens 180° um ihre Längsachse gedreht werden.

Der zahlenmäßige Erfolg beim Schlüpfen läßt sich schon durch die Auswahl der Eier beeinflussen. Einwandfreie Bruteier, gute Befruchtung – was immer das heißt – und guter Brutverlauf sind Voraussetzungen für den Erfolg. Ein Blick in den Hühnergarten des Züchters gibt Auskunft darüber, ob ein alter, gebrechlicher Hahn zu Werke gegangen ist oder ob ein junger und vitaler Hahn die Hühnerschar betreut. Bei schweren Rassen empfiehlt es sich, auf 10 Hennen einen Hahn zu halten, bei leichten Rassen dürfen es auch 15 Hennen pro Hahn sein. Hähne sollten nicht älter als drei Jahre sein, denn dann läßt ihr Sexualtrieb nach, ebenso die Fruchtbarkeit des Samens.

Ein Blick in den Stall gibt Auskunft über die Qualität von Futter, Wasser, Stallklima und über die Lichtverhältnisse. Allesamt Faktoren, die die Qualität der Hennen, des Hahnes und der befruchteten Eier beeinflussen.

Dies sind aber noch nicht alle Kriterien, die für den Kauf von Eiern ausschlaggebend sind.

Was das Gewicht des Bruteies anbelangt, so hat sich gezeigt, daß bei mittelschweren Rassen die Eier mindestens 50 g, besser zwischen 55 und 62 g wiegen sollten. Das Brutei-Mindestgewicht bei leichten Rassen sollte zwischen 48 und 55 g liegen und bei Zwerghühnern etwa 40 g betragen. Zu leichte oder zu schwere Eier sollten nicht bebrütet werden.

Bei besonders großen Eiern ist das Schlüpfen sehr erschwert, und aus Eiern mit zwei Dottern schlüpfen nicht zwei Küken, sondern gar keines.

Es ist unbedingt notwendig, daß das Ei sauber und absolut unbeschädigt ist. Die Poren der Schalen dürfen nicht durch Schmutz verstopft sein. Die Eier vor der Brut zu waschen, wäre aber falsch. Denn dadurch würden sich die Poren noch mehr verschließen, und die schützende Fettschicht (Kutikula), die das Eindringen von Mikroorganismen verhindert, würde zerstört werden. Am besten kratzt man den Schmutz ab und löst ihn, indem man die Eier in warmes Wasser legt, ohne zu reiben.

Die Beschaffenheit der Kalkschale spielt für den Schlupferfolg keine unwichtige Rolle. Die Porenweite sollte nicht zu groß, aber auch nicht zu klein sein. Ein optimaler Austausch an Luft sollte gewährleistet sein. Bei zu großen Poren besteht die Gefahr der Austrocknung des Inhaltes während der Brut, und zu kleine Poren behindern die Luftzufuhr im Ei.

Die Schale des Eies sollte gut ausgebildet sein, keine Risse, Sprünge oder Wülste aufweisen. Eier mit ungleicher Oberflächenstruktur und mit punktartigen Kalkauflagerungen scheiden für Brutzwecke aus. Auch wenn die Form des Bruteies keinen allzu großen Einfluß auf den Schlupferfolg haben soll, eignen sich nach Meinung erfahrener Hühnerzüchter zu spitze, zu runde, mißgebildete und abweichend geformte Eier nicht zur Brut. Schiefe, eingebuchtete und elliptische Eier verwendet man am besten in der Küche. Sie sind schwieriger zu verkaufen. Es ist auch interessant zu wissen, daß die Eiformen sich vererben.

Die Bruteier sollten frisch sein. Die Meinungen der Experten, wie alt ein Ei sein darf, daß es noch zum Ausbrüten genommen werden kann, gehen auseinander. Wenn eine Henne ihre selbstgelegten Eier bebrütet, so kann das Legen dieser Eier durchaus 15 Tage dauern. Denn ebenso viele Eier kann eine große Henne gerade noch ausbrüten, ohne daß eines zuwenig Wärme abbekommt. 15 Tage alte Eier sind folglich noch als frisch für die Bebrütung anzusehen.

Sobald das Ei gelegt ist und die Henne das Nest verläßt, ist die weitere Entwicklung unterbrochen. Erst wenn die Henne die notwendige Wärme liefert, weil sie darauf sitzen bleibt, wird die Entwicklung des Eies wieder aufgenommen. In der Regel bleibt die zur Brut neigende Henne erst nach 14 Tagen ihrer Legetätigkeit, wenn das Brutfieber voll in Gang gekommen ist, auf den Eiern sitzen. Auch vier Wochen alte Eier können noch gute Schlupfergebnisse bringen, vorausgesetzt, daß sie richtig gelagert und immer wieder gewendet wurden. Allerdings sollte man sie etwas aktivieren, d. h.

auffrischen. Hierzu sollten die Eier für drei Stunden in 36–38 °C warmes Wasser gelegt werden, damit sie in der Zwischenzeit verdunstetes Wasser wieder aufnehmen. Erfolgversprechend ist diese Methode nur für die natürliche, weniger für die künstliche Bebrütung.

Um gegen unliebsame Überraschungen gefeit zu sein, sollten frische Eier bevorzugt werden, da diese einen höheren Bruterfolg garantieren.

Des weiteren sollte man die Eier mit Hilfe einer Schierlampe auf feine Haarrisse in der Eischale, auf Blutflecken und vor allem auf die richtige Lage der Luftblase untersuchen. Die Luftblase muß am stumpfen Eipol zwischen den Schalenhäuten liegen. Die Blutflecken werden beim Schieren, d. h. dem Durchleuchten, als dunkle Punkte sichtbar. Mit solchen Mängeln behaftete Eier sollten nicht gekauft werden. (Näheres zum Schieren siehe auf S. 73 ff.)

Vor dem Kauf der Eier sollte man natürlich bereits entschieden haben, wo sie ausgebrütet werden: in einem Brüter des örtlichen Geflügelzuchtvereins oder zu Hause in einer Brutmaschine, die es in unterschiedlichen Ausführungen zu kaufen gibt. Vor Anschaffung eines Brutapparates muß man sich aber sicher sein, ob die Zeit für die sachgemäße Bedienung und Brutpflege vorhanden ist, ansonsten ist es empfehlenswert, daß man die Eier in eine vereinseigene Brutmaschine oder in eine gewerbliche Brüterei gibt. Die Brutdauer beträgt durchschnittlich 21 Tage.

Gegen das Ausbrüten von Eiern generell spricht, daß oftmals nur 50 % der Küken Hennen werden. Wer die Hühner aber der Eier wegen halten möchte, dem ist eine solche Ausbeute an Hennen zu gering und zu unsicher.

Das Ausbrüten von Eiern ist nur für diejenigen interessant, die sich für spezielle Rassen und für das Aufwachsen vom Schlüpfen bis zum erwachsenen Tier interessieren. Es ist auch nicht ganz einfach, die Eier – und zudem noch in gewünschter Zahl – zu erhalten, wenn es sich um eine seltene Rasse handelt. Es muß erst der entsprechende Züchter ausfindig gemacht werden. Dann steht aber noch nicht fest, ob er die gewünschte Zahl an Eiern vorrätig hat und auch abgeben möchte. Rassegeflügelzüchter sammeln im Frühjahr in der Regel die Eier für die eigene Nachzucht. Wem das Ausbrüten von Eiern zu umständlich ist, dem bietet sich eine Alternative an, und zwar der

Kauf von Eintagsküken

Auch hier stellt sich dasselbe Problem dar, wenn man sich für Eintagsküken spezifischer, ja sogar seltener Rassen entscheidet. Es wird wohl nur wenige Züchter geben, die ohne weiteres eine bestimmte Zahl von Küken kurz nach dem Ausschlüpfen abgeben, da diese zur Zucht benötigt werden.

Eine exakte Unterscheidung in Hennen und Hähne ist in den ersten Tagen nach dem Schlüpfen kaum möglich. Nur geschulte Fachleute von großen Brütereien können bei Eintagsküken Hähne von Hennen unterscheiden. Daher erhält man dort am ehesten die gewünschte Anzahl an Hähnen und Hennen.

Über Eintagsküken zu Hennen zu gelangen, ist also sicherer als über auszubrütende Eier. Was man bestellt, erhält man auch. Man kann sich die Küken, ebenso wie die Eier, auch zuschicken lassen. Hierzu wendet man sich an einen professionellen Züchter, der die Tiere in einem vorschriftsmäßigen

Kükenversandkarton, der mit Löchern versehen und stabil ist, verschickt. In der Regel gehen Verluste beim Transport zu Lasten des Transporteurs oder auch auf Kosten des Kükenversenders. Besser ist es natürlich, die Küken – bei entsprechenden Möglichkeiten – selbst abzuholen.

Ich persönlich rate vom Kauf von Hühnerküken ab, da ich nicht für die künstliche Aufzucht bin, sondern nur für die Aufzucht durch eine Glucke. Besondere Umstände und die Tatsache, daß brütende Hühner immer seltener werden, zwingen oft zur Aufzucht von Hühnerküken ohne Glucke. Auf die Vorbereitung zur Aufzucht und die Aufzucht selbst wird im Kapitel „Die Brut" genauer eingegangen.

Eine weitere Möglichkeit, zu Hühnern zu gelangen, ist

Der Kauf von Junghennen

Diese sind aufgrund ihres Alters und ihrer Größe dementsprechend teurer. Sie werden im Alter von drei bis sieben Monaten gekauft, wobei aber schon ab der achten Lebenswoche von Junghennen (bzw. -hähnen) gesprochen wird. Ihr Vorteil ist, daß sie robust, vital und binnen kurzer Zeit ausgewachsen sind und zu legen beginnen. Außerdem sind sie geschlechtsmäßig nicht mehr zu verwechseln und gesundheitlich stabil, so daß kaum noch mit Verlusten zu rechnen ist.

Im Alter von vier bis sechs Wochen können Hennen von Hähnen rein äußerlich – ein stark ausgeprägter Kamm ist ein untrügliches Kennzeichen eines Hahnes – unterschieden werden. Es ist also beim Kauf kein Problem, das richtige Geschlecht zu erkennen. Wesentlich schwieriger aber ist, die Hennen richtig „anzusprechen", wie es in der Fachsprache heißt. Darunter versteht man die Beurteilung des Gesundheits- und Leistungszustandes, d. h. das Erkennen, welche Mängel im Äußeren zutage treten und welches Verhalten von der Norm abweicht. Da aber das äußere Erscheinungsbild sich während des Entwicklungsprozesses von der Junghenne zur legereifen Henne noch merklich ändert, können nur erfahrene Züchter bereits eine Junghenne richtig bezüglich ihrer späteren Leistungsfähigkeit als Rasse- und Legehenne „ansprechen".

Es ist für den Anfänger ratsam, beim Kauf von Junghennen, wenn möglich, einen erfahrenen Züchter mitzunehmen – am besten einen Kampfrichter des Geflügelzuchtverbandes –, um keine Ausschuß-ware angedreht zu bekommen, was, wenn die Tiere herangewachsen sind, zu deprimierenden Ergebnissen führt. Es gibt unter den Züchtern auch schwarze Schafe, die auf Mängel ihrer Tiere nicht hinweisen und froh sind, wenn sie diese verkaufen können.

Vermehrungsbetriebe bieten fast das ganze Jahr hindurch Jungtiere an, auch legereife Hennen, insbesondere Hybriden, aber auch rassereine Tiere aus der Kunstbrut. Rassegeflügelzüchter, die ihre Tiere zu Prämierungen auf herbstliche Rassegeflügelschauen schicken, geben diese in der Regel erst nach den Geflügelschauen im Spätherbst ab. Dies ist demnach die günstigste Jahreszeit für den Kauf von legefähigen Rassehennen.

Wer im Frühjahr mit der Hühnerhaltung beginnen und Junghennen aus artgerechter Haltung einsetzen möchte, wird sich schwertun, von Züchtern entsprechend gute und junge Tiere zu erhalten; dies schon deswegen, weil Hühner aus der Frühjahrsbrut besser gedeihen, vitaler und wider-standsfähiger sind als jene, die im Sommer geschlüpft sind und in der Entwicklung etwas zurück-bleiben.

Folglich ist vom Kauf von vier bis fünf Monate alten Junghennen im Frühjahr abzuraten, da sie im Spätherbst geschlüpft sind und garantiert keiner artgerechten Naturbrut entstammen.

Hat man sich für den Kauf von legereifen Hennen bzw. Alttieren entschieden, so ist es das ganze Jahr über möglich, entsprechende Tiere zu erhalten. Allerdings auch hier wieder mit der Einschränkung, daß Rassegeflügelzüchter weniger flexibel sind als Geflügelzuchtbetriebe. Eine gute Quelle während des gesamten Jahres sind auch Geflügelmärkte von Geflügelzuchtvereinen, die Kleintiere wie Hühner, Kaninchen und Vögel anbieten. Wenn es nicht gleich beim ersten Besuch klappt, so vielleicht doch schon beim nächsten. Über mangelnden Besuch können sich die Veranstalter nicht beklagen. Im Gespräch mit Besuchern des Marktes wie auch mit Verkäufern kann man oftmals schnell an die gewünschten Hühner gelangen. Wenn die entsprechende Rasse nicht zum Kauf angeboten wird, so weiß bestimmt jemand, wer diese in der näheren Umgebung züchtet. Je besser man den Züchter oder den Besitzer kennt, desto mehr gegenseitiges Vertrauen baut sich auf. Das erschwert es dem Verkäufer, mindere Qualität an den Mann oder die Frau zu bringen. Ein Blick in den Hühnerstall und in den Garten gibt schnell Aufschluß, wie artgerecht die Hühner gehalten werden und in welchem körperlichen Zustand die Tiere sich befinden.

Die Tauglichkeit für die Zucht sollte man sich bestätigen lassen, wie man sich auch über Erfolge bei Ausstellungen die entsprechenden Prämierungszertifikate vorlegen lassen sollte. Es ist auch vorteilhaft, die Tiere aus der Nachzucht in Augenschein zu nehmen. Eine kurze Rücksprache beim jeweiligen Vereinsvorsitzenden, der sicher gerne Auskunft über die Fähigkeiten des Züchters gibt, ist eine wertvolle Hilfe bei der Entscheidung über den Kauf von Elterntieren, die als Rassehühner auch ihren Preis haben.

Heranwachsende Hähne streiten immer wieder und müssen bald voneinander getrennt werden, außer der Garten ist groß genug.

In der Regel schlüpfen aus 15 Eiern zirka acht Hähnchenküken.

Je älter die Hennen sind, desto weniger kann man mit ihnen Linienzucht betreiben. Sie taugen dann gerade noch zur Auffrischung der Bruthühner. Ihre Legefähigkeit läßt nach, wie auch beim Hahn der Sexualtrieb. Es gibt eigentlich kaum einen Grund, sich zum Einstieg in die Liebhaber-Hühnerhaltung Alttiere anzuschaffen. Anders sieht es aus, wenn es sich um ein Einzeltier, vielleicht sogar um eine Glucke mit Jungtieren handelt. Wenn sich diese bereits mehrere Jahre bewährt hat, dann dürfte die Entscheidung nicht mehr schwerfallen.

Nach allem, was wir bis jetzt wissen, ist der günstigste Zeitpunkt, mit der Hühnerhaltung zu beginnen, das Frühjahr.

In dieser Zeit passiert es hin und wieder, daß eine Henne glucksende Laute von sich gibt und auf dem Nest sitzen bleibt. Dadurch zeigt sie an, daß sie bereit ist, mit dem Brüten zu beginnen. Sollten bei einem Hühnerhalter mehrere Hennen gleichzeitig Lust zum Brüten bekommen, dann kann die eine oder andere Glucke zum Brüten verkauft bzw. zum Brüten und Aufziehen der Küken leihweise abgegeben werden. Auch kann man die eigenen Eier ausbrüten lassen und dann die Küken samt Glucke verkaufen.

Es ist aber schon ein Glücksfall, wenn solch eine Glucke mit oder ohne Bruteier oder samt Küken in einer Tageszeitung angeboten wird. Wahrscheinlicher ist es, im Frühjahr in Fachzeitschriften fündig zu werden oder auch am schwarzen Brett auf Geflügelbörsen von Züchtern zu erfahren, daß sie Glucken anbieten. Schnelles Handeln ist nun angesagt, denn die Brutlust ist nicht von allzu langer Dauer und sollte nicht künstlich hinausgezögert werden.

Eier einer bestimmten Rasse müssen schleunigst besorgt werden, sofern der Züchter nicht auch noch die gewünschte Rasse anbietet, was wirklich ein Glücksfall wäre.

Das Nest muß hergerichtet und die Glucke geholt werden. Große Brütereien verschicken sie problemlos per Fracht. Allerdings kann keine hundertprozentige Garantie abgegeben werden, daß das Brutfieber während des Transports nicht doch wieder vergeht oder die Glucke nicht nach 14 Tagen vom Nest aufsteht. Die Ursachen hierfür müssen nicht an der Henne selbst liegen, sondern dies kann auch durch die ungewohnte Umgebung wie durch Lärm oder herumstreichende Hunde und Katzen ausgelöst werden.

Der Versand der Glucke erfolgt bei großen Rassegeflügelzuchtunternehmen in speziellen Gluckenversandkartons. Auf Wunsch werden auch Eintagshähnchen beigegeben, damit die Glucke auf der Fahrt nicht von ihrem Bruttrieb abgelenkt wird. Hierzu ist aber anzumerken, daß, wenn die Glucke zum Brüten bestellt wird, die Hähnchen anschließend ohne sie aufwachsen müssen. Auf keinen Fall dürfen diese Küken – so mir nichts dir nichts – „um die Ecke gebracht werden" und als Kadaver im Mülleimer landen. Küken, auch wenn es Hähnchen sind, darf man nicht als Sache betrachten, sondern sie sind Tiere, die leben wollen, und so müssen sie auch eine Chance zum Weiterleben, d. h. zum Aufwachsen, bekommen.

Von auf Rassegeflügelzucht spezialisierten Unternehmen, die eine Vielzahl von Geflügel züchten, werden Glucken zum Brüten oder Führen der Eintagsküken angeboten – zu einem erschwinglichen Preis von 10,00 € je Stück. Die Eintagsküken schwerer Rassen erhält man jährlich ab Mitte Januar unsortiert zum Preis von 2,00 € und sortiert zu einem Preis von 4,00 € je Stück, nach dem neuesten Stand der Veterinärmedizin schutzgeimpft, wofür ein Hobby- und so mancher Rassegeflügelzüchter nicht garantieren kann.

In Erinnerung gebracht werden soll, daß die Quote geschlüpfter Hennenküken durchaus unter 50 % liegen kann. Das bedeutet, daß sich aus 15 Eiern, die untergelegt werden, in der Regel nicht mehr als sechs bis sieben Hennenküken entwickeln. Noch weniger ist durchaus möglich.

Es gibt natürlich für einen Hühnerhalter nichts Schöneres, als eine Glucke mit Küken im Garten umherziehen zu sehen. Man erinnert sich an seine Kindheit zurück, als eine kükenführende Glucke auf dem Land ein häufiger Anblick war. Allerdings gilt zu bedenken, daß die heranwachsenden Hähnchen bald von den Hennen getrennt werden müssen, da sie untereinander streiten und die Junghennen „sexuell belästigen". Zwei Möglichkeiten der Trennung gibt es dann. Die erste ist, die Tiere zu schlachten und zu essen. Die andere ist die, daß man sie verkauft oder verschenkt, um ihr Leben zu erhalten, was aber nicht immer einfach sein wird.

Der Anfang der Hühnerhaltung ist gemacht: Eier zum Ausbrüten sind gekauft, Junghennen bzw. Alttiere hat man sich besorgt. Küken ohne Elterntiere stehen etwas verloren im Stall herum. Mit etwas Glück erhielt man eine Glucke samt Eiern zum Brüten oder sogar eine Glucke mit Eintagsküken zum Führen.

Nun steht das Bebrüten der Eier an, die Aufzucht der Küken in Obhut der Glucke oder das Aufwachsen der Junghennen zu legereifen Tieren, deren Eier in der Küche Verwendung finden und im Frühjahr zum Bebrüten ausgewählt werden.

Die Brut – Die natürliche und künstliche Aufzucht – Das Eierlegen

Die Naturbrut

In regelmäßigen Abständen sucht die Henne ihr Nest zum Eierlegen auf. Ein bereits benutztes Nest wird von ihr bevorzugt ausgewählt. Dort legt sie ihr Ei ab – natürlich nicht, um ihrem Halter einen Gefallen zu tun und ihm ein frisches Frühstücksei zu bescheren. Der Trieb dazu dient einzig und allein der Arterhaltung. Hat sie ihr Ei gelegt, dann verläßt sie unter lautem Gegacker das Nest und versucht so, wieder Anschluß an die im Garten verstreut umherlaufende Hühnerschar zu bekommen.

Der Hahn ist nicht nur Friedensstifter, sondern sorgt auch für die Fortpflanzung.

Beginnt ein Huhn aber zu brüten, dann durchlebt es eine Reihe eigenartiger Verhaltensveränderungen. Im Organismus des Tieres erhöht sich der Prolaktingehalt der Hypophyse. Äußerlich gibt die Henne im Stall und im Garten beim Umherlaufen typische Brutlaute von sich, sie gluckt. Anfänglich sind die Glucklaute nur hin und wieder zu hören, von Tag zu Tag steigern sie sich und sind dann schließlich nicht mehr zu überhören. Ihren Artgenossinnen gegenüber wird die Henne aggressiver, sofern ihr diese zu nahe kommen. Sie plustert sich auf und sucht gleichzeitig das Weite. Nähert sich der Hahn, so geht die Glucke in Droh- und Abwehrstellung und entzieht sich ihm mit aufgeplustertem Gebaren. Dadurch hält sie sich ihn vom Leib. Das kann Tage, manchmal auch Wochen dauern.

Anzumerken ist: Auch wenn der letzte Tretakt schon drei Wochen zurückliegt, so sind dennoch alle anschließend gelegten Eier befruchtet. Nach der Eiablage bleibt sie immer länger sitzen, bis sie gar nicht mehr aufsteht. Wenn sie sich erhebt, dann nur noch ein bis zwei Mal am Tag, um für eine Viertelstunde die Futterstelle und die Tränke aufzusuchen und sich etwas Bewegung zu verschaffen. Dabei kotet sie sehr ausgiebig.

Um ihr Nistmaterial hat sie sich zuvor nicht gekümmert. Sie hat sich einen ihr passenden Nistplatz ausgesucht, eine weiche Stelle, die etwas abgedunkelt ist und durchaus auch im Freien unter der

Hecke, unter einem Schubkarren oder einem Holzstapel sein kann. Das einzige, was sie für einen guten Sitzkomfort unternimmt, ist, den Nistplatz durch Hin- und Herrutschen auszumulden. Natürlich pickt sie hin und wieder ins Nistmaterial, nimmt einen Strohhalm in den Schnabel, um ihn auch gleich wieder irgendwo hinfallen zu lassen. Von einem Nestum- oder -ausbau kann aber nicht gesprochen werden.

Sobald man beobachtet, daß die Henne das Nest nicht mehr verläßt, ist die Zeit gekommen, ihr ein geeignetes Plätzchen, das vor anderen Hühnern geschützt ist, bevorzugt im Hühnerstall bzw. in einem anderen halbdunklen, gut belüfteten und kühlen Raum, herzurichten, ihr die entsprechende Anzahl an Eiern unterzulegen und die von ihr gelegten wegzunehmen, sofern diese nicht reinrassige Nachkommen versprechen.

Um die Luftfeuchtigkeit auch im Nest hoch zu halten, empfehlen manche Züchter, feuchte Gartenerde und darüber kurzgeschnittenes Stroh zu verwenden.

Mit dem eigentlichen Brüten beginnt die Henne einer großen Rasse, sobald sie 13–15 Eier gelegt hat. Zwerghennen legen 12–14 Eier. Nicht immer legt die Henne die gesamte Zahl. Sie setzt sich auch in Nester, in die schon einige Eier gelegt worden sind.

Wenn die Glucke nun ernsthaft mit dem Brüten begonnen hat, dann läßt sie sich nicht mehr so leicht vom Nest verscheuchen, von ihren Artgenossinnen schon gar nicht. Der Gockel nähert sich ihr und ihrem Gelege auch nicht mehr. Wenn der Mensch versucht, ihr einige Eier wegzunehmen oder unterzulegen, dann plustert sie sich auf, sträubt das Gefieder und versucht gleich, nach ihm zu hacken. Doch auch ein solcher Annäherungsversuch ist noch kein Grund, das Nest zu verlassen. Man muß sie schon richtig erschrecken und hochheben. Manch eine läßt sich auch diesen Störversuch gefallen und setzt sich gleich wieder hin. Je länger sie sitzt, desto ruhiger verhält sie sich, wenn man sich ihr nähert.

Die äußeren Geschlechtsmerkmale sind zurückgebildet, der Kamm ist blaß und etwas eingeschrumpft, die Bauchseite ist fast ohne Gefieder, die Haut gerötet und mit Brutflecken durchsetzt. Die Glucke scheint das Treiben um sich herum vergessen zu haben und sich nur auf das Brüten zu konzentrieren. Stunde um Stunde, Tag um Tag sitzt sie da und scheint nichts um sich herum wahrzunehmen.

Auf die Beschaffenheit der Bruteier ist bereits ausführlich eingegangen worden. Nicht vergessen werden sollte, daß man Zwerghühnern, die immer wieder gut brüten, auch Eier großer Rassen unterlegen kann. Allerdings sollten es nicht mehr als 9 Eier sein. Selbstverständlich kann man einer Glucke auch 3–5 Gänseeier oder 6–10 Enteneier unterlegen. 2 Gänseeier schafft auch eine Zwergglucke noch. Allerdings dauert bei diesen beiden Geflügelarten die Brutzeit 28–32 Tage, bei Hühnern jedoch 21 Tage.

Rechtzeitiges Setzen der Glucken bedingt genaues Beobachten der Verhaltensweisen der Hennen. Man sollte, wenn es die Zeit zuläßt, zeitig im Frühjahr mehrmals täglich in den Hühnerstall und -garten gehen und Ausschau nach gluckenden Tieren halten. Diese sollten dann rechtzeitig, nicht zu früh, aber auch nicht zu spät, auf die ausgewählten Eier gesetzt werden. 15 Eier sind, wie erwähnt, das Äußerste, was einer Glucke untergelegt werden kann. Man richtet sich am besten nach der Größe des Tieres und der Bruteier. Wenn die Henne gesetzt worden ist, dann darf kein Ei mehr gesehen werden. Die Glucke muß alle vollständig abdecken.

Man kann folgendermaßen verfahren:

- Die Eier werden ins Nest gelegt, und die Glucke wird, sofern sie sich ruhig verhält, sachte auf sie gesetzt.
- Die Eier werden ins Nest gelegt, und die Glucke setzt oder stellt man daneben. Sie geht dann sogleich zu den Eiern und setzt sich darauf. Dies ist der Idealfall. Sollte sie sich aber aufgeregt von den Eiern entfernen, dann muß man sie für kurze Zeit in Ruhe lassen und beobachten, ob sie die Eier auch von allein aufsucht. Andernfalls fängt man sie, setzt sie auf die Eier und dunkelt das Nest sofort ab. Im Dunkeln beruhigt sich das Tier sehr schnell und bleibt an Ort und Stelle, d. h. über den Eiern, stehen bzw. sitzen. Nach geraumer Zeit hellt man den Nistplatz etwas auf.
- Die Glucke wird auf ein leeres Nest gesetzt, in der Hoffnung, daß sie darauf sitzen bleibt. Äußerste Vorsicht ist geboten beim Hineinlegen der Eier, sofern die Glucke wieder steht, oder beim Unterschieben der Eier, wenn sie im Nest sitzen geblieben ist. Allzuleicht kann ein Ei beschädigt werden. Immer wieder wird empfohlen, das Nest und die Glucke vor dem Setzen zu desinfizieren. Von Chemie im Nest und auf den Eiern halte ich persönlich nichts. Einer Glucke das Sandbaden zu ermöglichen, ist viel besser und hilft auch, sie vor Ungeziefer und Infektionen zu schützen.

Wenn die Glucke endlich sitzt, wird sie immer ruhiger. Sie sollte tagsüber nicht mehr unnötig gestört werden. In einiger Distanz von ihrem Nistplatz stellt man frisches Wasser hin und nicht weit davon entfernt einen Napf mit Körnern, bevorzugt Gerste und Mais. Beide Getreidearten haben die Eigenschaft, beim Stoffwechsel die Körpertemperatur leicht zu erhöhen, was den Eiern zugute kommt. Es schadet auch nicht, etwas Grit beizumischen. Dagegen sollte die Glucke kein Weichfutter und ebensowenig Grünfutter erhalten.

Hin und wieder sollte sie leicht angehoben werden, um die Eier kontrollieren zu können. Verschmutzte Eier nimmt man heraus und legt sie kurz in lauwarmes Wasser, damit sich der Schmutz löst. Auf keinen Fall darf man sie abtrocknen. Die Säuberung sollte aber nur erfolgen, wenn die Eier stark verunreinigt sind. Dies kommt Gott sei Dank selten vor, da brütende Hennen instinktiv so gut wie nie die Eier beschmutzen.

Ein- bis zweimal am Tag, wenn sich die Glucke, wie erwähnt, aus dem Nest erhebt, geht sie nach Möglichkeit ins Freie, schlägt mit den Flügeln, scharrt im Gras und pickt umher. Es schadet weder der Glucke noch den Eiern, wenn diese durch feuchtes Gras naß werden und dabei leicht auskühlen. Beiden tun die Abkühlung und die frische Luft gut. Länger als 20 Minuten sollte die Glucke aber nicht von den Eiern weg sein. Eine leichte Überschreitung dieser Zeitspanne schadet den Eiern nicht, verzögert nur das Ausschlüpfen ein wenig. Kritisch wird es bei einer Abwesenheit von 30 Minuten und mehr, dann ist die Brut gefährdet – allerdings nur, wenn die Eier wirklich kühl sind. Man nimmt vorsorglich ein Ei heraus und prüft das stumpfe Ende des Eies (mit Luftblase), indem man es an das Augenlid hält. Fühlt es sich bereits kühl an, während das spitze Ende noch warm ist, dann ist Gefahr im Verzug. Es ist höchste Zeit, die Glucke wieder ins Nest zu bringen. Wenn sie aber keine Lust mehr dazu hat und wegrennt, ist es um die Eier geschehen, und die ganze Mühe war umsonst.

Es ist ratsam, während der Abwesenheit der Glucke von den Eiern einen Blick auf diese zu werfen und unter keinen Umständen andere Hühner darauf sitzen zu lassen. Eine zurückkehrende Glucke sucht sich sonst einen anderen Platz und setzt sich dort nieder, ohne Anstalten zu machen, wieder an das Brutnest zurückzukehren, wenn die andere Henne dieses nach ihrer Eiablage verlassen hat. Sie macht sich in der Regel auch nicht die Mühe, eine andere Henne von ihrem Nest zu vertreiben.

Auch ein zu frühzeitiges Zurückkehren auf die Eier ist nicht gut, da sie zuwenig abgekühlt sind und die Küken dadurch zu früh schlüpfen und Schaden erleiden können, wenn sie nicht sogar kurz darauf sterben.

Am besten ist, die menschliche Fürsorge nur auf den Morgen und den Abend zu beschränken und ansonsten der Glucke das Feld zu überlassen. Längst weiß man, daß die Eier hin und wieder gewendet werden müssen. Auch das macht die Glucke instinktiv regelmäßig von selbst, und zwar mit Hilfe des Schnabels und der Flügel, aber auch durch sanftes Hin- und Herrutschen auf den Eiern. Natürlich weiß sie nicht, daß sie dies unbedingt machen muß, da sonst der Dotter an der Schale festklebt. Auch weiß sie nichts davon, daß bei heftigen Erschütterungen die Dotterhaut und die Eiweißstränge zerreißen, wodurch die Entwicklung zum Küken unterbunden wird. Ebensowenig ist ihr bewußt, daß nach dem Drehen der Eier die warme Seite wieder abkühlt und so genügend Sauerstoff durch die Schale ins Innere gelangt.

Sie spürt einzig und allein, daß ihr Bauch und die Brust zu warm werden und sie durch Drehen der Eier Abhilfe schaffen kann.

Man kann unbesorgt sein, wenn man feststellt, daß kaum etwas gefressen wird und der Napf mit den Körnern nicht leer zu werden scheint. Glucken haben einen stark reduzierten Stoffwechsel, im Gegensatz zu den legenden Hennen. Die Körpertemperatur ist während der Brutperiode trotzdem weder höher noch niedriger als sonst. Sie pendelt wie bei den legenden Artgenossinnen zwischen 40 und 41 °C.

Von Tag zu Tag wächst beim Halter die Neugierde, ob auch alle Eier befruchtet sind. Am 7. Tag bietet es sich an, die Eier durch Schieren (Durchleuchten) mit einer Schierlampe, die im Fachhandel erhältlich ist, in Hinblick auf den Fortgang der Bebrütung zu begutachten.

An diesem Tag kann der Kükenembryo, frei im Fruchtwasser schwimmend, bereits kleinere Bewegungen ausführen. Die Länge des Kükens beträgt ungefähr 2 cm, wobei der Kopf noch fast gleich groß wie der gesamte restliche Körper ist. Dies erkennt man in Form eines Schattens, der als dunkler Fleck schwimmt, einem relativ großen beweglichen Kreis ähnelnd. Da von ihm feinverzweigte Linien nach allen Richtungen ausgehen, die als Adern des heranwachsenden Kükens gedeutet werden, ist ein solches Ei mit einer sogenannten Blutspinne eindeutig ein befruchtetes Ei. Auch ist das schlagende Herz als 3 mm großer Punkt auszumachen, der sich hin- und herbewegt.

Das unbefruchtete Ei zeigt keine dunklen Flecken. Es ist hell und klar und unterscheidet sich durch nichts von einem frischen Ei mit Luftblase. Es ist durchsichtig, der Dotterkamm ist nur leicht angedeutet sichtbar.

Anders sieht ein abgestorbenes Ei aus. Der Inhalt erscheint unbeweglich und als dunkler Punkt von roter oder schwarzer Farbe, fixiert an einer Stelle. Bei genauem Hinsehen erkennt man weiters einen festsitzenden rötlich-schwarzen Ring. Auch kann man in ihm hin und wieder einen dunklen Punkt ausmachen. Trübungen mit einem kleinen Punkt deuten auf einen sogenannten „falschen Keim" hin, einen Embryo, der in sehr frühem Stadium bereits abgestorben ist. Wer Übung hat, kann auch im Dotter frei schwimmende Blutflecken von einem sich entwickelnden Embryo unterscheiden.

Da dieses Buch sich an Anfänger wendet, ist es für diese ratsam, nur unbefruchtete Eier aus dem Nest zu entnehmen. „Abgestorbene" Eier, die allein ein geschulter Hühnerhalter im Anfangsstadium der Brut von befruchteten, lebenden Eiern unterscheiden kann, sollten noch einige Zeit im Nest bleiben.

Es ist aber zu empfehlen, sich das eindeutige Unterscheiden von befruchteten und abgestorbenen Eiern sehr rasch anzueignen. Erfahrene Züchter wissen, daß abgestorbene Eier Faulgas bilden und dabei explodieren können. Eine schwefelwasserstoffhaltige Brühe ergießt sich über die restlichen Eier, verschmutzt sie, so daß die Poren verkleben und die Embryos absterben. Durch die Explosion erschrocken und vom Gestank des Schwefelwasserstoffes gepeinigt, hat schon manche Glucke das Nest Hals über Kopf verlassen und die Brut nicht mehr angenommen. Es ist also wünschenswert, diese Eier sehr schnell als sicher abgestorben zu identifizieren und umgehend aus dem Nest zu entfernen.

Am 10. und 11. Tag erreicht das Küken bereits eine Länge von 4 cm. Erste Federanlagen zeigen sich in der gefäßreichen Haut, die am 12. und 13. Tag am Kopf und auf den Flügeln als leichter Flaum aus der Haut herauswachsen. Schon am 14. und 15. Tag erreicht das Küken eine Länge von 7 cm und ist als solches äußerlich voll ausgebildet. Dies ist die Zeit, die Eier ein zweites Mal zu durchleuchten (schieren). Schwache Keime sterben in der zweiten Woche, etwa am 10. und 11. Tag, noch ab und können von normal entwickelten Küken unterschieden werden. Das normal entwickelte Küken füllt das Ei beinahe zu $2/3$ aus, wodurch es unter der Schierlampe größtenteils schwarz erscheint, zumindest dunkel mit heller Spitze. Die Luftblase hat sich in diesem Zeitraum ausgedehnt und kann bis zu $1/3$ des Eies einnehmen. Beim genauen Hinsehen erkennt man auch noch einen kleineren hellen Streifen.

Alle Eier mit Schierbildern von abgestorbenen Embryonen und unbefruchteten Keimen müssen rasch aus dem Nest genommen werden. Meist haben sie einen größeren hellen Streifen. Auch Eier mit unbeweglichen, starren Klumpen, dunklem Eikern, der bräunlich erscheint, stark hin- und herschaukelt, sowie solche, die starke Blutstreifen aufweisen, gehören in die Kategorie abgestorbener oder unbefruchteter Eier.

Wenn diese Eier nicht aus dem Nest genommen werden, entledigt sich die Glucke ihrer von selbst, indem sie sie aus dem Nest wirft oder kaputt tritt. Die durch Fäulnis übelriechende Brühe läuft über die im Nest liegenden Eier und verklebt dabei deren Poren, so daß die gesamten Eier ebenfalls absterben können. Um dies zu verhindern, müssen die verschmutzten Eier durch kurzes Einlegen in warmes Wasser gereinigt werden. Auch dieses Mal dürfen sie nicht abgetrocknet werden.

Nicht ganz so sicher wie das Schieren ist das Schwemmen in 39 bis 40 °C warmem Wasser, auch „Schwimmprobe" genannt. Das Einlegen in 36 °C warmes Wasser, wie manchmal empfohlen wird, ist nicht günstig. Dieses Prüfen der Eier sollte nicht schon am 14. Tag, eher 5 Tage später erfolgen. Hierzu legt man das Ei in Wasser.

Wenn es sich leicht bewegt, so sind sich manche sicher, daß dies auf die ruckartigen Bewegungen des Hühnerembryos zurückzuführen ist. Bleibt das Ei ruhig im Wasser liegen oder sinkt sogar ab, dann wird auf ein abgestorbenes Ei geschlossen. Daß dies aber nicht immer zutreffend ist, haben

Versuche gezeigt. Selbst aus regungslos im Wasser liegengebliebenen Eiern sind später quietsch-lebendige Küken geschlüpft. Durch diese Methode können also nicht mit absoluter Sicherheit abgestorbene Eier von normal entwickelten unterschieden werden.

Man sollte sich bemühen, sich die Schierbilder gut einzuprägen, um ein hohes Maß an Sicherheit beim Aussortieren angebrüteter Eier zu bekommen. Schließlich unterscheidet man zwischen Leben und Tod, und das erfordert sehr große Verantwortung. Wer diese nicht für sich übernehmen kann oder will, der hole sich einen Fachmann, der das Schieren für ihn übernimmt.

Der Handel bietet Schierlampen unterschiedlicher Qualität und Ausführung an. Auch die Preise sind dementsprechend verschieden.

Batterie-Schierlampen im Kugelschreiberformat, ideal für Hemd- und Jackentasche, sind im Fach-handel erhältlich. Allerdings sind sie nur geeignet bis zur Größe von Vogel- und Zwerghuhneiern, aber auch zum Frischetest im Supermarkt.

Leistungsfähiger ist da schon eine Schierlampe mit einer Spezialglühbirne, die einen sehr starken Strahl hat. Mit ihr kann die Fruchtbarkeit ab dem 5. Tag erkannt werden, so die Meinung des Herstellers. Sie hat einen Anschluß an die Steckdose.

Wesentlich komfortabler ist eine Handgriff-Schierlampe aus lackiertem Stahlblech mit poliertem Holzgriff, abnehmbarem Trichter und Gummistück.

Um aber wirklich gute, sichere Ergebnisse erzielen zu können, benötigt man eine Schierlampe mit einer starken Lichtquelle, einer Auflage für das Ei und der Möglichkeit, das Ei mit einer Blende bis auf einen eiförmigen Ausschnitt einwandfrei abdunkeln zu können.

Geräte mit extrem starker Leuchtkraft sind im Fachhandel ebenfalls erhältlich.

Auch mit Quarzbrennern ausgestattete Apparate, deren ultraviolettes Licht das Schieren bei weißschaligen Bruteiern schon nach dem ersten Tag der Bebrütung ermöglicht, werden angeboten.

Weiters gibt es Arbeitsgeräte mit extrem starker Leuchtkraft, die mit zwei Ultraviolett-Brennern ausgerüstet sind, um schon sehr früh befruchtete Eier von unbefruchteten auseinanderzuhalten. Dies ist auch bei dunkelschaligen Eiern nach ca. vier Tagen Brutdauer möglich.

Wer sich aber das Geld für die Anschaffung einer teuren Schierlampe sparen möchte, kann sich auch einen Schierkasten selbst bauen. Hierzu fertigt man einen großen Kasten aus Sperrholz an. In die Stirnseite bohrt man ein Loch, führt durch dieses ein Kabel zu einer im Innenraum auf

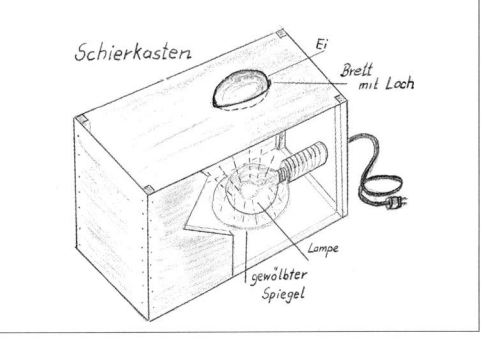

Ein selbstgebastelter Schierkasten genügt – vorausgesetzt, die Lichtquelle ist stark genug –, um unbefruchtete Eier durch Schieren ab dem 7. Tag zu erkennen und auszusortieren.

dem Boden waagrecht fixierten Lampe. Zur Intensivierung der Abstrahlung des Lichtes nach oben wird unter der Lampe auf dem Boden noch ein Spiegel angebracht. Die kleine Kiste wird oben mit einem Sperrholzbrett abgedeckt. Über der Lampe wird ein kleines ovales Loch ausgesägt, so groß, daß das Ei gut aufliegen kann. Mit einem Gummiring oder einem Filz wird der Rand des Loches abgedichtet, damit beim Auflegen des Eies seitlich kein Licht durchkommt.

Die Bruthenne sitzt während des Schierens ruhig auf den übrigen Eiern und sorgt weiter dafür, daß diese regelmäßig gewendet werden. Auch kümmert sie sich darum, daß kein Ei zu lange außerhalb ihres Gefieders liegt. Sollten aber tatsächlich immer die gleichen Eier etwas außerhalb liegen, die man daran erkennt, daß sie vorher markiert worden sind, so sollte man sie vorsichtig gegen einige Eier aus der Mitte, unter der Glucke, austauschen.

Zwischen dem 17. und dem 19. Tag durchstößt das Küken mit dem Schnabel die Eihäute und dringt in die Luftblase, um von dort die Atemluft aufzunehmen. Von jetzt an atmet es über seine Lungen, und der Kreislauf des Blutes schließt sich. Vor diesem Zeitpunkt erfolgte die Sauerstoffversorgung durch die Blutzirkulation in den Eihäuten. Die Hornhaut, an die Eischalenhaut gelegt, stellt zugleich ihre Tätigkeit als Atmungsorgan, welche sie am 7. Tag aufgenommen hat, wieder ein. Ein wichtiger Entwicklungsschritt ist abgeschlossen, und ein neuer beginnt.

Die Lungenatmung ist die erste Vorbereitung des Kükens für das Ausschlüpfen.

Im letzten Drittel der Brutzeit wächst auch der Eizahn auf dem Schnabel zu einem stattlichen Hornhöcker heran. Sehr lebhaft bewegt sich das Küken bereits ab dem 19. Tag, insbesondere am 20. Tag. Mit dem Oberkörper zur Luftblase gewandt und dem Kopf unter dem rechten Flügel, regt sich das Küken immer stärker, was von der Glucke aufmerksam wahrgenommen wird. Sie scheint sich in die Eier hineinzuhören und auf ihre neue Aufgabe, das Führen geschlüpfter Küken, vorzubereiten. Auch die Umstellung vom Brüten zum Führen geschieht instinktiv, d. h. durch die Aktivierung biochemischer Vorgänge in ihrem Organismus. Wenn dann in zwei Tagen nicht alle Küken geschlüpft sind, steht sie auf und ist nicht mehr zu halten. Doch es geschieht Gott sei Dank sehr selten, daß die Küken nicht aus der Schale kommen und dabei sterben.

Der Schlupfvorgang nimmt schließlich seinen Lauf. Das Küken zieht seinen Kopf unter dem Flügel hervor und schlägt mit seinem Eizahn in unregelmäßigen Abständen gegen die Eischale. Die Glucke hört dabei, wie es immer wieder Piepslaute von sich gibt, und antwortet ihm darauf. Bereits ein bis zwei Tage vor dem Schlüpfen kommt es zur ersten Verständigung.

Nach einiger Zeit gelingt es dem Küken, an einer Stelle die Eischale von innen aufzubrechen. Gleichzeitig stemmt es sich mit den bereits kräftig ausgebildeten Beinen gegen deren unteren Teil. Unter Zuhilfenahme der kräftigen hinteren Halsmuskeln (Schlupfmuskeln) gelingt es ihm am 21. Tag – nach dem ersten Anpicken einige Stunden zuvor –, die ganze Eischale aufzusprengen. Meist wird der stumpfe Pol des Eies als Kappe rundherum aufgebrochen. Das geschieht durch ständiges Umdrehen des Kükens und gleichzeitiges Aufhacken der Eischale.

Nur wirklich vitale Küken können sich auf diese Art aus dem Ei befreien. Sie sind besonders prädestiniert für ein Leben als Legehenne oder Hahn und darüber hinaus auch zur Zucht geeignet.

Es stellt sich hierbei die Frage, ob man Küken, die an der Schale festgeklebt sind, helfen soll, sich davon zu befreien. Jeder sollte das für sich selbst entscheiden. Zum einen sollten nur jene Küken großgezogen und weiter zur Zucht verwendet werden, die erblich mit sehr großer Vitalität ausgestattet sind. Die Natur gibt Schwächlingen keine Chance, zumal diese die mindere Vitalität auf ihre Nachkommen weitervererben, wodurch nachfolgende Generationen degeneriert würden und die Art zum Aussterben verdammt wäre. Wer als Züchter und Hühnerhalter eine Tierart erhalten möchte, darf nicht Tiere zur Entwicklung bringen, die von Natur aus zum Untergang bestimmt sind. Schwächlinge sind gegen Krankheiten anfällig, übertragen diese auf gesunde Tiere und gefährden so den gesamten Bestand.

Andererseits ist zu bedenken, daß jedes Tier – auch ein krankes, schwächliches – ein Recht auf Leben hat, wenn der Mensch ihm dazu verhelfen kann. Und mittels Medikamenten vermag er auch kranke Tiere zu heilen und ihnen ein artgerechtes Weiterleben zu ermöglichen. Es werden selbst unter gesunden Tieren nicht alle zur Zucht ausgewählt, und deswegen kann einem schwächeren Tier sehr wohl ein Platz zum Leben eingeräumt werden. Ein Küken, das sich nicht aus eigener Kraft aus dem Ei befreien kann, nicht seinem Schicksal zu überlassen, bedeutet, daß man ihm dabei nach Kräften hilft. Wenn Züchten und Brüten als Auslese betrachtet werden, so kann die Auslese auch kurz vor der Einkreuzung, dem Befruchten durch den Hahn, erfolgen, z. B. dadurch, daß man dieses Tier zu einem besonders verständnisvollen Tierliebhaber gibt, wo es weiterleben kann.

Wenn man keine Bedenken hat, das betreffende Tier nach einer gewissen Zeit zu schlachten, so ist diese Art der Auslese auch nicht ganz zu verachten.

Hin und wieder beobachtet man beim Schlüpfen der Küken, daß sie steckenbleiben. Das kann viele Ursachen haben: Einerseits Inzucht, andererseits ist nicht auszuschließen, daß die Eier unvorschriftsmäßig aufbewahrt oder transportiert worden sind. Auch auf das Alter der Eier ist zu achten. Weiters sollte die Brutatmosphäre nicht zu warm und zu trocken sein. Eier brauchen eine gewisse Feuchtigkeit, damit sich die Küken optimal entwickeln können. Auch sollte die Brut nicht zu spät im Jahr erfolgen, eher etwas früher.

Temperaturschwankungen von mehr als 1 °C über eine längere Zeit (mehr als 30 Minuten) in der näheren Umgebung der Eier können die Lebenskraft des Embryos bereits erheblich beeinträchtigen, ebenso wie zu trockene Luft. Ausreichend frische, sauerstoffreiche Luft muß gewährleistet sein. Für gute Durchlüftung des Brutraumes ist zu sorgen.

Eine artgerechte Haltung der Elterntiere, die robust und vital sind, ist die beste Voraussetzung für einen guten Schlupf.

Wenn das erste Küken geschlüpft ist, so dauert es noch einige Zeit, bis es vollständig trocken ist und als flauschiges Federbällchen unter der Glucke sitzt bzw. liegt. Schlag auf Schlag schlüpfen die nächsten. Keines wird dabei von der Glucke zerdrückt, allesamt haben sie unter ihr Platz. Mit etwas Glück ist der Schlüpfvorgang innerhalb eines Tages beendet; wenn nicht, so wartet man den 22. Tag noch ab.

Dann sollten aber alle Küken geschlüpft sein, auch aus den älteren Eiern. Die Glucke wartet in der Regel, bis alle die Eier verlassen haben. Als fürsorgende Mutter nimmt sie sich Zeit, bis auch noch das letzte Küken aus dem Ei gekrochen ist. Aber dann hält sie nichts mehr im Nest. Die Küken stehen und können den ersten Ausgang kaum erwarten. 24 Stunden sollten sie noch im Nest bei der Glucke bleiben, bevor man sie ins Freie entläßt. Dann sind sie trocken und als Nestflüchter mit allen Instinkten und Fähigkeiten für den Freigang bestens ausgestattet.

Die Kunstbrut

Auf das Brütigwerden der Henne können vor allem Halter von Hühnern in großer Stückzahl, aber auch Rassegeflügelzüchter nicht warten. Sie bedienen sich bei der Nachzucht eines Brutapparates. Gewerbliche Hühnerhalter haben in der Regel einen eigenen Brutapparat, oder sie kaufen ihre Küken bzw. ihre Legehühner oder auch jungen Masthähnchen bei darauf spezialisierten Betrieben. Als Anfänger sucht man am besten den Vorsitzenden der Rassegeflügelzucht in der näheren Umgebung auf und bittet um das Einlegen der Eier in den vereinseigenen Brutapparat. Zu Beginn des Jahres ist dieser jedoch meist voll ausgelastet.

Die gewerblichen Brutanlagen beginnen mit ihrer Arbeit sehr früh im Jahr. Um Winterleger zu erhalten und um das Schlachtgeflügel das ganze Jahr über anbieten zu können, ist der Brutapparat in der Regel bis zur Kapazitätsauslastung im Einsatz. Mit einigem Glück kann man auch als privater Hühnerhalter Eier hier ausbrüten lassen. Spezielle Lohnbrütereien sind demgegenüber auf das Ausbrüten von Eiern als Dienstleistung eingerichtet. Ihnen ist jeder neue Kunde höchst willkommen. Es wird ein Tag vereinbart, an dem die Eier zu bringen sind, und nach drei Wochen holt man die geschlüpften Küken samt den aussortierten Eiern ab.

Heutzutage bietet der Fachhandel den Hühnerhaltern die unterschiedlichsten Brutapparate an, auch Geräte, die zu erschwinglichen Preisen den kleinen Haltern schmackhaft gemacht werden.

In Fachzeitschriften oder eigens angefertigten Werbekatalogen preisen die Hersteller meist Flächen- und Motorbrüter an, sehr einfach zu bedienende Geräte, bei denen großer Wert auf die Sicherheit gelegt wird. Der wesentliche Unterschied zwischen einem Flächenbrüter und

Ein glückliches Kükenleben kann nur das Aufwachsen mit einer Glucke ermöglichen.

einem Motorbrüter besteht darin, daß beim ersteren die Bruteier nur in einer Ebene ausgebrütet werden. Der Motorbrüter ist für einen ununterbrochenen Brutprozeß konstruiert. Auf mehreren Ebenen können die Eier ausgebrütet werden, so daß ein ständiges Nachlegen der Eier möglich ist.

Generell sollte eine Brutmaschine in einem gleichmäßig temperierten Raum aufgestellt werden. Bei den einfachen und billigen Geräten müssen die Eier von Hand gewendet werden. Allerdings geschieht dies so, daß mit einem einfachen Handgriff sämtliche Eier gleichzeitig gewendet werden, ohne hierfür das Gerät öffnen zu müssen. Dadurch würde sich nämlich das Brutklima kurzfristig verändern, und das Schlüpfen könnte dadurch etwas verzögert, wenn nicht sogar erschwert werden.

Es gibt auch Flächenbrüter mit halb- und vollautomatischen Wendesystemen. Komfortable Geräte haben einen separaten Schlupfraum, um besondere Bedingungen während der Schlupfphase (z. B. höhere Luftfeuchtigkeit) sowie ein risikofreies Nachlegen der Bruteier zu ermöglichen.

Das Fassungsvermögen der Brüter schwankt von 50 bis knapp 200 gleichzeitig ausbrütbaren Eiern.

Hennen wollen vom
Hahn getreten werden,
Eier legen und
danach die Küken hudern
und im Garten führen
können.

Optimale Brutapparate sollten die Wärme gut regulieren können, wärmedicht sein, eine ständige Zufuhr von frischer Luft an die Eier ermöglichen und die Luftfeuchtigkeit konstant halten. Ebenfalls ist es notwendig, daß die Eier zweimal täglich gewendet werden. Apparate, die verlegen können, d. h. den räumlichen Austausch der Eier vollziehen, so wie die Glucke die Eier von außen nach innen bringt, kommen einer natürlichen Brut durch eine Glucke sehr nahe; vor allem dann, wenn nach dem Verlegen noch eine halbstündige leichte Kühlung erfolgt. Das ist derselbe Zeitraum, für den die Glucke das Nest verläßt, um zu fressen, zu koten und sich zu bewegen. Diese Kühlung sollte ab dem 20. Tag rund um die Uhr zu einer Absenkung der Bruttemperatur um 1 °C führen.

Zu beachten gilt, daß viele Rassen unterschiedliche Anforderungen an die Brutbedingungen stellen. Wenn diese in den Gebrauchsanleitungen der jeweiligen Geräte nicht angeführt sind, so sollte bei entsprechenden Züchtern Auskunft eingeholt werden.

Es leuchtet ein, daß selbst kurzfristige Änderungen der Brutfaktoren – Temperatur, Luftfeuchtigkeit, Sauerstoffzufuhr, Wenden und Kühlen – einen großen Einfluß auf die Embryonalentwicklung haben können. Bei Hühnern gilt als Richtwert für die Bruttemperatur 37,8 bis 38 °C für die ersten 17 bis 19 Tage. Dann muß bis zum Schlüpfen auf 37 °C abgesenkt werden. Die relative Luftfeuchtigkeit sollte zwischen 55 und 60 % liegen und für die letzten Tage auf 80 % erhöht werden.

Die Eier sollten ein- bis achtmal täglich gewendet werden. Als ideal wird von manchen Hühnerexperten viermaliges bzw. auch achtmaliges Wenden angesehen.

Großes Interesse wird dem Schlüpfen der Küken entgegengebracht. Auch bei der Kunstbrut gilt dasselbe wie bei der Naturbrut. Weniger Hilfe kann mehr sein. Man unterlasse das Eingreifen in den Schlüpfvorgang und entnehme selbst die gut abgetrockneten Küken nicht umgehend aus dem Apparat. Bis zu 24 Stunden sollten sie sich in der konstanten Wärme der Brutmaschine aufhalten.

Zu frühes Füttern schadet den Küken. In den ersten 48 Stunden nach dem Schlüpfen bedürfen die Tierchen keines Futters, da sie kurz vor dem Ausschlüpfen den Rest des Eidotters durch die

Nabelöffnung eingezogen haben und so mit Nährstoffen für den Lebensanfang bestens versorgt sind.

Ursachen eines Brutfehlers und eines schlechten Schlupfes

Immer wieder kommt es beim Ausbrüten der Eier, sei es durch die Glucke wie auch durch den Brutapparat, zu Problemen beim Schlüpfen der Küken. Manchen Fehler während der Brut vermag die Glucke zu korrigieren oder, wenn das nicht gelingt, so doch dessen negative Wirkung auf die Eier und den Schlüpfvorgang zu mindern. Komplikationen beim Schlupf der Küken sind für den Verfechter der natürlichen Hühnerhaltung ein Ansporn, die Haltungsbedingungen in bezug auf noch mehr Artgerechtigkeit zu verbessern. Natürlich ist dieser Weg etwas langwierig und beschwerlich, weil nicht sofort Abhilfe geschaffen werden kann. Erfreulicherweise treten Brutfehler und Probleme beim Schlüpfen jedoch nicht so häufig auf.

Die wohl weitaus häufigste Fehlerursache ist die Temperatur. Entweder ist sie zu hoch oder zu niedrig. Zu starke Temperaturerhöhung, mit ungenügender Luftfeuchtigkeit einhergehend, bringt das Küken beim Schlüpfen in höchste Lebensgefahr. Zu hohe bzw. zu niedrige Temperatur beeinflußt auch den Zeitpunkt des Schlüpfens negativ.

Feuchte und verklebte Küken, zudem noch an der Eischale klebend, sind die Folge davon, daß das Ei wegen zu geringer Feuchtigkeit ausgetrocknet ist.

Sind die Eier unbefruchtet, was man beim Schieren erkennen kann, so liegt das auch an zu wenigen bzw. zu vielen Hähnen, an der Unfruchtbarkeit eines Geschlechts bzw. beider Tiere. Auch wenn die Hühner zu alt sind oder die Eier zu lange gelagert wurden, hat das zur Folge, daß die Eier unbefruchtet sind. Wenn sie bei zu niedriger Temperatur gelagert worden sind, können sie ebenfalls unbefruchtet bleiben. Zu seltenes bzw. zu heftiges Wenden kann dazu führen, daß die Embryonen absterben; aber auch Mangel an Sauerstoffzufuhr, infolge zu hoher Bruttemperatur, führt zu abgestorbenen Keimen.

Werden die Hühner schlecht gehalten und gefüttert, und sind in der Folge die Eier klein, so bleiben die Küken, weil sie zu klein sind, im Ei stecken. Inzucht und andere Vererbungsmängel lassen Küken mit Mißbildungen entstehen. All diese Ursachen sind bei der natürlichen Brut durch Wechsel der Elterntiere in den Griff zu bringen.

Das Prinzip Ehrfurcht vor dem Leben kann nur heißen, den Hennen ihr Recht auf Brüten nicht zu verweigern, den Küken nicht die Elterntiere vorzuenthalten. Wege zu suchen, Hennen wieder das Brüten beizubringen, ihr natürliches Instinktverhalten zuzulassen, es nicht wegzuzüchten – das ist die Botschaft dieses Buches.

Auch wenn sich Hennen und Hähne ihrer artspezifischen Fähigkeiten nicht so schnell berauben lassen, so haben viele Rassen dennoch Probleme, für ihre Nachkommen zu sorgen. Zum einen haben oft beide, Hahn und Henne, Schwierigkeiten bei der Paarung, zum anderen ist bei den Hennen keine Brutlust mehr vorhanden. Das liegt daran, daß bei vielen Rassen, vor allem den Hybridhennen und modernen Wirtschaftsrassen, der Bruttrieb weitgehend weggezüchtet worden ist, um die Eierproduktion in Gang zu halten. Brütende Hennen legen bekanntlich keine Eier.

Wenn immer wieder von gewerblichen Hennenhaltern behauptet wird, daß all diese Bedürfnisse weggezüchtet worden seien und somit die Henne diese auch nicht kenne, so ist das nicht richtig. Die natürlichen Bedürfnisse werden in der Massentierhaltung, sei es auf dem Boden oder im Käfig, auf tierquälerische Art und Weise unterbunden.

Artgerechte Haltung wirkt sich positiv auf die Entwicklung des Sexualverhaltens und der Brutlust aus. Dazu gehört, daß in den Biorhythmus nicht eingegriffen werden soll. Den Zeitpunkt des Schlafengehens und des Aufstehens sollten die Tiere selbst bestimmen. Wenn man schon das Tageslicht künstlich verlängern will, um eine bessere Legeleistung zu erreichen, sollte man sich zumindest an die auf Seite 51 f. gegebenen Empfehlungen halten. Streß muß vermieden werden. Zu viele Hähne steigern nicht die Fruchtbarkeit der Eier, sondern senken sie. Ebenso fördern sie nicht die Brutlust, ganz im Gegenteil. Gestreßte Hennen sind selten brutlustig.

Ältere Hennen kommen häufiger ins Brutfieber als Jungtiere. Auf die Frage, ob unter mittelschweren Hennen bessere Bruttiere zu finden sind als bei Zwergrassen, läßt sich keine hundertprozentige Antwort geben. Umwelteinflüsse wie Temperatur, Lärm, Licht, Nässe, Trockenheit, Luftdruck und der körperliche Zustand sind weitere Aspekte, die sich auf die Brütigkeit negativ wie auch positiv auswirken können.

Wer seinen Hühnern optimale Entwicklungsmöglichkeiten und eine natürliche Umgebung bietet, wird in den Monaten April bis August immer wieder erleben, daß die Vielzahl äußerer Faktoren mit der artspezifischen, körperlichen Verfassung des einzelnen Tieres harmonieren und dabei Brutlust auslösen kann. Der Halter kann also sehr wohl durch Schaffung natürlicher Bedingungen Einfluß nehmen und den Bruttrieb bei Hennen auslösen, ohne sie dabei auszutricksen oder gar unnatürliche Hilfsmittel wie Medikamente einzusetzen, die durch Veränderungen in ihrem Hormonhaushalt brutphysiologische Mechanismen in Gang setzen. Auf keinen Fall sollte einer Henne auf dem Nest ein Korb übergestülpt werden, damit sie nach vier Tagen brütig wird.

Einzig und allein das Schaffen eines natürlichen Umfeldes und dessen Optimierung sowie eine Minderung der Störungen des selbstorganisierten Lebensablaufes lassen die Henne zur rechten Zeit in die Brutlust fallen – und diese ist grundsätzlich für alle Rassen das frühe Frühjahr. Küken, die in dieser Zeit schlüpfen, zeichnen sich durch Frohwüchsigkeit und gute Widerstandskraft aus.

Sollte ganz unerwartet eine Henne zu einer ungünstigen Jahreszeit, im Herbst, auf einmal brüten wollen, so kann man ihr die Brutlust abgewöhnen. Wenn man die Eier immer wieder wegnimmt, hört sie nach geraumer Zeit von allein auf zu brüten. Tierfreundlicher ist es, die Glucke zur Brut wegzugeben oder für Hühnerliebhaber Küken auszubrüten, um sie samt Glucke und Küken leihweise abzugeben oder zu verschenken.

Die natürliche Aufzucht

Nachdem alle Küken geschlüpft sind, hält es die Glucke nicht mehr im Nest aus. Ist sie in einem beengten Stall untergebracht, so steht sie an der Türe und versucht, samt ihren Küken nach draußen zu kommen. Der Drang ins Freie wird immer wieder unterbrochen durch das Scharren nach Futter, an dem sich die Küken sogleich beteiligen. Nach dem Schlupf läßt man sie noch mindestens 24 bis 48 Stunden bei der Glucke und füttert sie nicht. Sie sind, wie bereits angesprochen, beim Schlüpfvorgang noch bestens mit lebensnotwendigen Nährstoffen versorgt worden.

Die wohl wichtigste Zeit im Leben eines Kükens sind die ersten drei Tage. Es ist die Zeit der Prägung, in der es unter keinen Umständen von der Glucke entfernt werden sollte. Das Küken prägt sich Stimme, Farbe und Gesicht der Glucke sowie die nähere Umgebung ein.

Auch wenn der Schlupf über 24 Stunden dauert, so sollten die zuerst geschlüpften Küken auf keinen Fall der Glucke weggenommen und an einen sicheren, warmen Platz gebracht werden. Schon im Ei läßt das Küken, wie erwähnt, klagende Piepstöne hören, die die Glucke mit beruhigend tiefen Glucklauten beantwortet. Während des Schlüpfens und gleich danach prägt sich das Küken die Glucklaute der Mutter ein und erkennt sie von anderen bis auf 15 m Entfernung heraus.

Diese individuellen Glucklaute helfen dem Küken beim Aufwachsen, während es sich bei der Futtersuche immer weiter von der Glucke entfernt, diese sofort zu finden. Es läuft blindlings – egal, ob das Schlüpfen fünf oder zehn Tage zurückliegt – an den anderen Hennen, auch wenn Glucken darunter sind, vorbei, schnurgerade in Richtung des Muttertieres, um unter dessen Fittichen Schutz zu finden.

Die Schlüpfphase und die ersten drei Tage sind die wohl wichtigste Zeit im Leben eines Kükens. In diesem kurzen Zeitraum prägen sich die kleinen Tierchen nicht nur die Lautäußerungen der Glucke, sondern auch ihr Äußeres ein für allemal ein.

In den ersten Stunden des Schlüpfens, bis alle Küken geschlüpft sind, ja sogar bis zum 4. Tag ist es möglich – wenn nur ein paar Küken geschlüpft, die anderen, unbrauchbaren Eier aus dem Nest genommen worden sind –, Küken von einem Brutbetrieb oder auch von einer anderen Glucke unterzuschieben. Später untergeschobene Küken haben ihre wichtige Prägungsphase schon hinter sich und empfinden dann die neue Glucke sowie ihre Umgebung als fremd und akzeptieren diese nicht – ebenso wie sie umgekehrt von der Glucke durch ihr ungeschicktes Verhalten nicht angenommen werden. Das Unterlegen sollte aber in der Dämmerung oder nachts geschehen. Hat sich nämlich das Küken bereits sein Muttertier oder auch seinen Züchter eingeprägt, so würde es beim Unterschieben unter die Leihmutter durch Piepsen heftig dagegen protestieren. Dies würde der Glucke auch nicht passen, und sie würde sofort mit heftigen Schnabelhieben das Kleine verscheuchen.

Mit Hilfe des Gehörs und der Augen hat sich das Küken bereits nach wenigen Tagen einen wesentlichen Teil seiner Umwelt eingeprägt. Aber noch lange nicht ist es befähigt, auf eigenen Füßen zu stehen, auch als ausgewiesener „Nestflüchter" nicht, um in der Gartenumwelt neben anderen Hühnern zu bestehen.

Umsorgt von der Glucke, werden den Kleinen das Suchen von Futter durch Scharren und das Aufpicken desselben gelehrt. Auch wenn sie als Nestflüchter körperlich sehr weit entwickelt sind, erkunden sie in den ersten Lebenstagen nur die nähere Umgebung, immer im Schutz und unter dem wachsamen Auge der Glucke. Zwei entgegengesetzte Antriebe bestimmen und lenken ihr Verhalten. Von Neugier erfüllt, werden sie von der Glucke an Dinge herangelockt; ängstliche Scheu wiederum bewahrt die Kleinen vor unvorsichtigem Handeln. Starre Handlungsabläufe, eingeprägt in der Frühphase ihrer Entwicklung, lassen sie zu „dummen" Hühnern werden.

In den ersten Tagen brauchen die Glucke und ihre Küken nur einen kleinen Auslauf. Sie entfernen sich noch nicht weit von ihrem Nistplatz. Da dieser aber getrennt von den übrigen Legenestern sein sollte, ist auch der Bewegungsraum auf dieses Nest bezogen und sollte im Freien und im Stall von den Alttieren getrennt sein. Wenn das nicht möglich ist, so braucht man dennoch keine Angst um die Küken zu haben, denn die Glucke umsorgt sie. Den Hahn und andere Hennen vertreibt sie durch sofortiges Attackieren, wenn sie sich den Küken nähern. Die Tierchen laufen dann zwar sehr rasch und verstört in verschiedene Richtungen, um sich aber ebenso flink wieder unter dem Gefieder der Glucke einzufinden.

Es ist selbstverständlich, daß die Glucke zusammen mit ihren Küken in einem hellen, trockenen und zugfreien Stall untergebracht werden sollte. Wenn dieser nicht ein Abteil des Hühnerstalles ist, so kann sich auch ein Teil des Kaninchen- oder Meerschweinchenstalles dafür eignen. Auch ein anderes trockenes Plätzchen, z. B. die Garage oder der Abstellraum für die Gartengeräte, erfüllt denselben Zweck. Es soll nur eine Bleibe für kurze Zeit sein, denn bald können sie zu den anderen Artgenossen umgesiedelt werden. Als Einstreu eignen sich Sand und kurzgeschnittenes Stroh.

Ins Freie kann man die Küken samt Glucke schon am 3. Tag nach dem Schlüpfen lassen. Das setzt aber voraus, daß der Platz trocken und fest ist. Zumindest muß das Gras kurz geschnitten sein. Regnerisch und windig sollte es natürlich nicht sein, ansonsten ist jede Witterung erlaubt. Sobald die Küken frieren oder vom feuchten Gras naß werden, schlüpfen sie unter die Glucke und werden von ihr gewärmt und getrocknet. Natürlich ist es besser, sie erst ins Freie zu lassen, wenn die Sonne aufgegangen und es draußen warm ist. Es ist ratsam, sie in der ersten Woche in ein Kükengatter – ein mit Maschendrahtgitter bespannter Rahmen aus Holzleisten mit einer Abdeckung aus einem Drahtgeflechtgitter – zu sperren, damit Hunde, Katzen und Greifvögel sie nicht gefährden können.

Die Küken machen bis zum 3. Tag eine sensible Phase durch, was die intensive Aufnahme aller Eindrücke betrifft, auch als „Prägung" bezeichnet. Der Höhepunkt liegt zwischen der 13. und der 16. Lebensstunde. In dieser Zeit sollte man sie unter keinen Umständen von der Glucke entfernen. Sie prägen sich deren Stimme, Farbe und Gesicht ein. Umgekehrt kann die Mutter ihre Küken in den ersten Lebenstagen nicht unterscheiden, sie weiß auch nicht, wie viele sie ausgebrütet hat. Mit Unruhe reagiert sie nur, wenn von den anfänglich vielen nur noch einige wenige da sind.

Ihr Sorgeverhalten ist nur an akustischen Reizen ausgerichtet. Hört sie das Küken piepsen, man nennt es „Verlassenheitsweinen", dann rennt sie in die Richtung, aus der die Laute kommen. Bleibt aber eines weg und gibt keinen Ton von sich, dann kümmert das die Glucke nicht, auch wenn dieses in Gefahr oder verletzt ist.

G. H. Brückner unterscheidet aufgrund seiner Untersuchungen über die Hühnersoziologie bei der Entwicklung von Küken im Zusammenleben mit dem Muttertier und den übrigen Geschwistertieren drei Phasen.

1. **Die totale Konzentrationsphase:** Dies ist die Zeit vom Schlüpfen bis zum 3. Tag, die sogenannte sensible Phase, wie sie zuvor beschrieben worden ist. Der Mittelpunkt des Daseins der Küken ist die Glucke, die ihnen die Futteraufnahme vorzeigt, sie unter ihre Flügel nimmt und beschützt. Während sie einzelne Futterbrocken mit dem Schnabel aufnimmt, versammeln sich die Küken im Halbkreis um die Glucke (im sogenannten „Fächerschema") und blicken auf ihren Schnabel. Die Glucke läßt den Brocken wieder aus ihrem Schnabel fallen, in der Hoffnung, daß die Kleinen das Futter nun aufpicken und fressen.
2. Vom 4. Tag an wagen sich die Glucke und die Küken schon weiter weg von ihrem angestammten Nistplatz. Kaum mehr als 3 m entfernen sich die Küken, trotz ihrer Neugierde, von der weiterhin im Mittelpunkt stehenden Glucke. Es wird jetzt schwierig, sie mit der Hand einzufangen. Und wenn es gelingt, ein Küken zu erwischen, dann piepst es so laut, daß die Glucke aufgeregt nach ihm schaut. Ab und zu kommt es vor, daß sie den Halter dann auch durch Anspringen attackiert, so daß er gerne das Küken auf den Boden entläßt. Dieser sogenannten **„fluktuierenden Kontaktzone"**, die ca. 12 Tage, vom 4. bis zum 16. Tag, andauert, folgt die
3. **Dispersionsphase:** Jetzt scheinen sich die Küken untereinander auch schon gut zu kennen. Ihr Wirkungskreis um die Glucke wird größer. Allein oder gemeinsam wandern sie hüpfend, piepsend und scharrend im Garten umher. Hin und wieder verliert die Glucke sie schon einmal aus den Augen. Im losen Familienverband verstreuen sie sich über den Garten. Der scheinbar aufgelockerte Familienverband ist aber bei aufkommender Gefahr sofort wieder eng miteinander verbunden. Allesamt rennen sie zur Glucke, wenn Gefahr im Verzug ist oder sie auch nur zum gemeinsamen Fressen eines Regenwurmes ruft. Mit scheinbarer Sicherheit, Selbstbewußtsein und auch Selbständigkeit sind die Küken im Garten unterwegs, um bei der kleinsten Unsicherheit oder einem Schreck laut piepsend nach der Glucke zu rufen. Die Entwicklung zur Selbständigkeit, d. h. zu einem Jungtier, das sich von allein ernähren kann, setzt in der 5. Woche ein. Die Befiederung ist weit fortgeschritten, und die Küken sind nicht mehr kälteempfindlich. Die meisten sitzen neben der Glucke, und nur noch einige wenige suchen den Schutz und die Wärme unter ihr. Wenn eine Sitzstange vorhanden ist, so nehmen sie auch dort schon Platz.
Von Tag zu Tag schreitet die Auflösung des Familienverbandes fort. Jedes Küken rennt im Garten scheinbar mutterlos auf der Suche nach Nahrung umher. Hin und wieder ziehen sie auch gemeinsam mit der Glucke weiter oder nehmen ein Sandbad, wenn die Sonne wärmend scheint. Doch in der 8. Woche, von einem Tag auf den anderen, verjagt die Glucke die heranwachsenden Tiere, indem sie nach ihnen hackt. Durch langsame Veränderungen im Hormonhaushalt,

einhergehend mit dem Wiedererwachen der sexuellen Aktivität, werden die Mutterinstinkte immer weiter zurückgedrängt, um allmählich ganz zu erlöschen. Die Glucke geht dann wieder als Henne wie ihre gleichaltrigen Artgenossinnen allein im Garten umher, legt wieder Eier und läßt sich wieder vom Hahn besteigen. Ihre Kinder, die nun selbständig sind, beachtet sie nicht mehr.

Als Hühnerhalter überkommt einen ein seltsames Gefühl, und man will es nur schwer verstehen, daß Mutterliebe so abrupt endet und Glucken ihre Kinder auf einmal verstoßen, daß sich beide dann so verhalten, als seien sie einander noch nie begegnet. Jeder geht seinen Weg, und die artgerechte Entwicklung nimmt ihren vorbestimmten Lauf. Aus den Jungtieren werden geschlechtsreife Hennen, die Eier legen und irgendwann das Brutgeschäft aufnehmen, Küken führen, um sie dann wieder „scheinbar abrupt" zu verstoßen.

Die Fütterung und das Tränken der Küken

Wie bereits angesprochen, erhalten Küken in den ersten zwei Lebenstagen, zumindest am 1. Tag nach dem Schlüpfen, kein Futter, und wenn überhaupt, dann nur etwas Wasser. In der Ernährung von Küken spielt die Qualität des Auslaufes für ihr Wachsen, Gedeihen und Wohlbefinden eine wichtige Rolle. Auch hier gilt, daß das Nahrungsangebot für die Küken am reichhaltigsten ist, je natürlicher Auslauf und Bewuchs sind. Wenn ein Komposthaufen, vielleicht auch noch ein Misthaufen in der Nähe ist, dann ist der Tisch wirklich reichlich gedeckt. Abgeweidete oder penibel aufgeräumte wie auch stark verkotete Ausläufe sind alles andere als kükenfreundlich.

Am 2. Tag nach dem Schlüpfen kann man den Küken, wenn sie zu picken beginnen, zuerst einmal etwas Wasser in einem Napf hinstellen. Er darf aber nicht umkippen und nicht zu tief sein. Man beschwert ihn mit einem Stein, der den Napf ausfüllt, damit die Küken nicht ertrinken. Für die ersten Tage reicht auch der Deckel eines Einweckglases (Rexglases). Er stellt absolut keine Gefahrenquelle dar. Die handelsübliche Kükentränke wird erst eingesetzt, wenn die Küken etwas größer sind und aus der Rinne wieder leicht herauskommen.

In den folgenden Tagen muß man sich sehr intensiv um die Fütterung der Glucke und ihrer Kleinen kümmern. Ich persönlich rate, die Futtermischung selbst herzustellen.

In der Anfangsphase sollte die Glucke beim gemeinsamen Fressen dabeisein, damit sie die Küken durch ihre Futterlockrufe zum Fressen animieren und ihnen auch zeigen kann, wie die Futteraufnahme durch Anpicken und Hochnehmen funktioniert. Einige Tage später sollte man die Glucke beim Füttern ein wenig von den Küken fernhalten. Man stellt das Futter an mehreren Stellen auf, so daß die Küken auch allein fressen können und die Glucke ihnen nicht alles wegnimmt. Am besten bringt man das Futter auf flachen Schalen oder Brettern aus, die von den Küken leicht erreicht werden können.

Wenn auch von hartgekochten Eiern abgeraten wird, so schadet es bestimmt nicht, hin und wieder weichgekochte Eier, kleingehackt, unter das Futter zu mischen. Dieses Grundfutter kann aus feinen Haferflocken, Bruchreis, kleinen Körnchen geschälter Hirse oder feingeschrotetem Weizen bestehen. Unbedingt muß man aber feingehacktes Grünzeug dazugeben: Frische Brennessel, Löwenzahnblätter, Salatblätter, Spinat und Petersilie eignen sich bestens dazu.

Immer wieder sollte man etwas Bodenerde dazustreuen, vermengt mit Flußsand, Holzkohle und Muschelkalk.

Fünf- bis siebenmal muß das Futter samt Wasser gereicht werden, und zwar nur so viel, wie die Küken binnen kurzem auffressen können. Anschließend nimmt man die Futter- und Trinkgefäße weg und reinigt sie. Es sollte kein Futter auf dem Boden liegenbleiben, da dieses leicht verdirbt und auch schimmeln kann. Das Gemenge aus Holzkohle, Muschelkalk und Flußsand sollte den Küken jedoch rund um die Uhr zum Hineinpicken zur Verfügung stehen.

Von der zweiten Woche an kann man das Angebot noch etwas erweitern. Feingeschnittene Nudeln sind eine besondere Delikatesse, auch gehackte Möhrenstückchen werden gerne angenommen.

Anstelle von Wasser kann auch saure Butter- oder Magermilch zum Trinken gegeben werden. Es muß allerdings darauf hingewiesen werden, daß die Milch wirklich sauer sein soll und nicht nur ein wenig angesäuert sein darf. Denn dies würde zu Durchfallerkrankungen mit ungewissem Ausgang führen. Die Milch ist in Ton- bzw. Keramikgefäßen bereitzustellen, nicht aber in Gefäßen aus Blech, da sich in Verbindung mit der Milchsäure giftige Metalloxide bilden.

Von der zweiten Woche an kann auch Magerquark (Magertopfen) zugefüttert werden, der aber sehr eiweißreich ist. Da der Eiweißbedarf des Kükens von Woche zu Woche geringer wird, muß die Menge an Magerquark dementsprechend reduziert werden. Am besten wechselt man in der Fütterung Weichfutter mit Trockenfutter ab.

Selbstverständlich bietet der Handel auch fertig gemischtes Futter als Kükenstartfutter und anschließend als Kükenalleinfutter an. Da dieses Futter aber für die Massenaufzucht von Küken hergestellt worden ist und mit Arzneimitteln wie Coccidiostatika und Antibiotika versetzt ist, sollte auf künstlich hergestelltes Mischfutter in der Liebhaber-Geflügelhaltung verzichtet werden. Kükenstartfutter darf wegen des hohen Wirkstoffgehaltes nur wenige Tage gegeben werden. Bei ausreichender Bewegung in der frischen Luft in einem Auslauf mit viel Natur können sich die Jungtiere durch Fressen von Gräsern, Würmern und anderem Getier bestens mit Eiweiß, Vitaminen und Mineralstoffen versorgen, was zu einer Stärkung ihres Immunsystems beiträgt.

Nach drei Wochen reicht es, wenn die Küken nur noch viermal am Tag gefüttert werden. Anstelle der Haferflocken kann man jetzt Getreideschrot geben. Sehr gern werden auch gekochte Kartoffeln, die man mit Schrot mischt, gefressen. Je größer das Angebot an frischem Gras wird, desto weniger Grünzeug aus dem Garten, sofern überhaupt schon genügend gewachsen ist, muß gegeben werden. Mit weichgekochten Eiern muß man die Küken auch nicht mehr verwöhnen.

Anders verhält es sich, wenn der Auslauf beengt ist, wenn in ihm wenig Gras wächst und er auch sonst kaum natürliche Gegebenheiten, wie z. B. einen Komposthaufen, aufweist. Dann muß Grünfutter in Form von kurzgeschnittenem Gras, Salat oder Gemüse zugefüttert werden.

Wie schon des öfteren gesagt: Je natürlicher die Aufzucht im Freiland im Beisein der Glucke erfolgt, desto größer ist die Wahrscheinlichkeit, daß Fütterungsmängel im Hinblick auf Vitamine, Mineralstoffe oder sonstige lebensnotwendige Stoffe nicht auftreten und die Küken körpereigene Widerstandskräfte entwickeln, die sie vor typischen Kükenkrankheiten oder einer der unterschiedlichen virusbedingten Infektionen schützen.

Das setzt natürlich voraus, daß die Futtertröge und die Trinkgefäße regelmäßig gereinigt werden. Gegorenes und angeschimmeltes Futter verursacht bei Küken wie auch bei Hennen zumindest Durchfall, wenn nicht gar schwerwiegende Folgeerkrankungen.

Damit die Küken beim Füttern nicht zu kurz kommen, muß ihr Futter vor gierigen Alttieren geschützt werden. Das erreicht man dadurch, daß man die Futterstellen ein wenig voneinander trennt und sich auch dazwischenstellt, um jegliche Annäherungsversuche größerer Tiere zu verhindern. Als Futterschutz kann auch eine kleine Umzäunung mit einem grobmaschigen Draht dienen, den man um die Futterstelle errichtet. Ebenso eignet sich bei noch jungen, kleinen Küken ein Drahtkorb, den man über die Freßstelle stülpt. Allein schon die zeitliche Trennung zwischen Küken- und Legehennenfütterung kann verhindern, daß die Küken um ihr Futter fürchten müssen. Denn dann streifen die großen Hennen noch im Garten umher, weil die Zeit ihrer Fütterung, die sie instinktiv wahrnehmen und die sie zu ihrer Futterstelle führt, noch nicht gekommen ist.

An dieser Stelle muß darauf hingewiesen werden, daß die Begegnung der Glucke mit dem Hahn diese zu einem früheren Legebeginn stimuliert, wodurch sie auch die Küken schneller verläßt, was sich ungünstig auf deren Entwicklung auswirken kann. Es kann nie ausgeschlossen werden, daß die Glucke auch einmal ausfällt, sei es infolge von Krankheit oder, was noch schlimmer ist, durch plötzlichen Tod. Dann stellt sich die Frage nach einer führenden Ersatzglucke. Vielleicht steht sie im eigenen Bestand zur Verfügung. Wenn man Glück hat, nimmt sie die verwaisten Tiere auch an. Aber es kann auch passieren, daß sie von der fremden Glucke sogleich attackiert und übel zugerichtet werden, was zu tödlichen Verletzungen führen kann. Dieser Abneigung kann man dadurch entgegenwirken, daß man die Küken einer brütenden Glucke kurz vor dem Schlüpfen unterschiebt. Der Altersunterschied kann durchaus bis zu 4 Wochen betragen. Mit etwas Glück verträgt sich die Glucke mit den Neuankömmlingen und diese auch mit den geschlüpften Küken.

Sollte die Möglichkeit einer Ersatzglucke nicht gegeben sein, dann muß man sich auf die Suche nach einer führenden Pute machen. Sie sind in der Regel noch bessere Mütter, was das Führen und Beschützen anbelangt. Auch ihr Bruttrieb ist stärker als der von Hennen.

Wenn die Suche nach einer Ersatzmutter nicht binnen kurzer Zeit von Erfolg gekrönt ist, dann gibt es nur noch einen Weg, die Küken erfolgreich großzuziehen – über die künstliche Aufzucht, mit einem Wärmespender als Ersatz für die Glucke. Denn Wärme ist während der ersten Lebenswochen für das Überleben der Küken von großer Bedeutung.

Damit die Aufzucht ohne Glucke gelingt, wird im folgenden Kapitel auf die Aspekte der künstlichen Aufzucht genauer eingegangen.

Die künstliche Aufzucht

Küken benötigen ausreichend Bewegung, damit sie sich gut entwickeln können. Es ist nicht erforderlich, sie getrennt von den größeren Tieren in einem speziellen Aufzuchtraum zu halten. Sie können ohne weiteres im Hühnerstall mit den großen Tieren gehalten werden. In dem gemeinsamen Raum ist aber eine Trennung erforderlich, und zwar derart, daß die Küken eine Möglichkeit erhalten, sich ungestört ausruhen und schlafen zu können, wie auch sich separat von dieser Stelle aufhalten und fressen zu können. Das wesentliche Element ist die Wärmequelle, die für die Küken zur Verfügung stehen muß, da sie lebensnotwendig ist. Die Legehennen aber müssen vom Kükenareal ausgesperrt werden. Das erreicht man dadurch, daß man um die Wärmequelle herum einen Zaun anbringt, der aus feinem Maschendraht besteht. Wenn dieser rundherum gelegt wird, dann ist das für die Küken günstiger als ein rechteckig angelegtes Areal. Der Platz unter der Wärmequelle sollte so groß sein, daß die Küken den Bereich der konstanten Temperatur, die während der ersten

Lebenswoche 32 °C betragen und danach schrittweise abgesenkt werden sollte (s. unten), auch verlassen können. Gewisse im Rahmen bleibende Temperaturschwankungen schaden ohnehin nicht, ganz im Gegenteil, sie stärken die Abwehrkräfte. Allerdings sollte die Raumtemperatur nicht unter 18 °C fallen und die Luftfeuchtigkeit zwischen 60 und 70 % gehalten werden. Natürlich darf es im Stall keine Zugluft geben.

Wer etwas Geld investieren kann, der kaufe sich ein Kükenheim. Dieses ist für ca. 50 Hühnerküken konzipiert und zum Aufstellen in geschlossenen Räumen geeignet. Die Küken halten sich auf einem trockenen Rostboden auf, da der Kot durch die Schlitze in die darunter befindliche Kotschublade fällt, so daß die Gefahr einer Ansteckung durch Krankheitserreger minimiert wird. Als Wärmequelle dient ein Infrarotstrahler, der über einen Dimmer reguliert werden kann.

Im Abstand von 4 cm über dem Boden sollte die Temperatur 32 °C betragen, und zwar eine Woche lang. Dann wird von Woche zu Woche die Temperatur um 2 °C gesenkt, so daß ab der 5. Woche die Temperatur konstante 22 °C beträgt.

Es geht aber auch ohne Kükenheim. Wenn man sich einen Stall in der Größe einer Hundehütte zusammenbastelt, mit genügend Lichteinfall, dann kann man darin die Küken ebenso aufziehen. Man bringt einen geeigneten Wärmestrahler an: es gibt hierfür Infrarotstrahler verschiedener Leistung, auch als Infrarot-Dunkelstrahler – eine reine Wärmelampe, die kein Licht abgibt, aber den Vorzug hat, daß die Küken schneller zur Ruhe kommen als bei Hellstrahlern.

Sehr gut geeignet als „elektrische Glucke" sind Wärmeplatten aus Holz. Auch Elektro-Aufzucht-strahler und Heizstäbe sind in den Katalogen des Fachhandels zu finden.

Am Verhalten der Küken unter der Wärmequelle erkennt man, ob es ihnen zu warm ist oder ob ein zu starker Luftzug herrscht. Wenn sie sich im Kreis um den äußeren Bereich der Lichtquelle aufhalten, dann ist die Temperatur des Gerätes richtig eingestellt. Sitzen sie weit draußen, dann ist es zu heiß unter der Lampe. Wenn alle dichtgedrängt in der Mitte sitzen, ist sie zu kalt eingestellt. Sollten sie weit außerhalb zusammengedrängt sitzen, dann gibt es Zugluft.

Nachdem sich die Küken drei Wochen lang, von der 6. bis zur 8. Woche, an die Temperatur von 22 °C gewöhnt haben, ist es nun angebracht, den Heizstrahler nur noch sporadisch einzuschalten, vielleicht nur noch nachts, um ihn schließlich ganz ausgeschaltet zu lassen.

Die Küken sind jetzt so gut befiedert, daß sie mit der Raumtemperatur gut zurechtkommen. Nun ist es an der Zeit, ihnen ein Höchstmaß an Bewegungsfreiheit zu ermöglichen, d. h. sie in den Garten zu entlassen. Der Schutzzaun um die Lampe ist abzubauen, und man läßt die Küken hinaus in den Garten zu den anderen Tieren.

Das Futter und das Wasser

Wenn die Küken so ernährt werden, wie es im Zusammenleben mit der Glucke geschieht, dann ist nichts weiteres zu unternehmen. Die Zeitabstände müssen eingehalten werden, ebenso sind nur kleine Mengen zu verabreichen, die dann binnen weniger Minuten aufzufressen sind. Wichtig ist, daß alle Tiere gemeinsam fressen können und dabei genügend Platz haben, damit es nicht zum Drängeln oder zu Streitigkeiten kommt.

Es ist sehr zu empfehlen, daß man den Küken durch Klopfen des Zeigefingers auf das Freßbrettchen zeigt, daß auch sie zu picken haben, wenn sie Futter aufnehmen wollen. Um den Futterverlust durch Herausscharren in Grenzen zu halten, sollten Näpfe und Tröge nur bis zu einem Drittel angefüllt werden und die Troghöhe und -länge dem zunehmenden Alter angepaßt werden, so daß der Rand des Gefäßes den aufrecht stehenden Küken bis zur Brust reicht.

Dem Küken muß anfangs auch gezeigt werden, wie es Wasser aufnehmen kann. Hierzu nimmt man es in die Hand und taucht es mit dem Schnabel leicht in lauwarmes Wasser ein.

Um eine Fütterung auf natürlicher Basis und eine artgerechte Entwicklung zu sichern, ist es wichtig, daß die Küken so bald wie möglich in den Garten gelassen werden, sofern die Witterung es zuläßt. Licht und Luft stärken nämlich das Immunsystem und fördern ihr Wachstum. Wenn man keine Zeit hat, sie zu hüten, so sollte ihr Auslauf mit einem engmaschigen Draht eingezäunt werden, daß keines nach draußen zu den Alttieren oder in andere Bereiche des Gartens gelangen kann. Allzuschnell kann es von einem Alttier gepickt werden oder einem Raubvogel bzw. einer Katze zum Opfer fallen.

Man kann die Küken auch in einen Drahtkäfig einsperren, den man nach dem Abweiden der Grasfläche in eine unverbrauchte Fläche versetzt. Dieses Kükengatter sollte man in regelmäßigen

Zum Aufwärmen suchen die Küken immer wieder unter der Glucke Schutz.

Abständen aufsuchen, um zu kontrollieren, ob sich ein Tier verletzt hat bzw. ob das Wetter für die Küken geeignet ist.

Unbedingt ist darauf zu achten, daß es nicht zu kalt ist, da sich die Küken leicht erkälten. Im Stall muß auf trockene Einstreu geachtet werden. Sand mit einer Auflage von Strohhäckseln eignet sich dafür am besten. Beim ersten Einsetzen der Küken sollte man dafür sorgen, daß die Einstreu auch nicht zu kalt ist, ansonsten muß sie vorgewärmt werden.

Oberstes Gebot ist, daß die Küken in den ersten Tagen nach dem Schlüpfen unbedingt eine gleichbleibende Wärmequelle haben. Bei Ausfall ist schnellstens ein Ersatz zu suchen, denn die Wärmequelle ist wie eine Ersatzmutter.

Aus Verhaltensbeobachtungen weiß man, daß in der reinen Kükengesellschaft ohne führende Mutterhenne die Gemeinschaft, die Hühnerschar, an die Stelle der Glucke tritt. Drei bis vier Tage lang weinen die Tiere laut piepsend nach ihrer Mutter, weil eine angeborene Verhaltensweise unerfüllt bleibt: das Unterkriechen. Die „totale Konzentrationsphase", der enge Zusammenhalt, bleibt bis zum 4. Tag bestehen. Danach folgt sogleich die Dispersionsphase, in der als Mutterersatz bei Gefahr und Erschrecken die Futterstellen, der Stall, schutzbietende Hecken, Gebüsche u. a. als Zufluchtsstätten aufgesucht werden.

Wem das taglang andauernde Weinen nach der Mutter ans Herz geht, für den ist die künstliche Brut keine Alternative zur natürlichen Brut. Erstrebenswert ist und bleibt die natürliche Aufzucht von Küken durch eine Glucke. Es muß Ziel des Hühnerhalters sein, für das Gluckigwerden der Henne zu sorgen. Alle Anstrengungen sind zu unternehmen, daß dieses Verhalten wieder als selbstverständlich und erstrebenswert in der Geflügelhaltung betrachtet wird.

Das Aufwachsen der jungen Hennen und Hähne

Ab der 8. Woche geht die selbständige Kükengemeinschaft allmählich in die Gesellschaftsordnung der „Erwachsenen" über. Die Mutter hat die Küken inzwischen verlassen, legt wieder Eier und läßt sich vom Hahn treten. Immer wieder demonstrieren die dem Kükenalter entwachsenen Tiere, vor Energie und Lebenskraft strotzend, durch Kämpfe, daß sie sich nun als „Persönlichkeiten" fühlen. Es ist der Beginn des Eintritts in das Pubertätsalter. Der Hühnerhalter hat von nun an Junghühner vor sich und muß sich auf deren artspezifische Verhaltensäußerungen neu einstellen, damit er ihren Ansprüchen in vollem Umfang gerecht werden kann.

Bald beginnt für die Küken ein neuer Lebensabschnitt. Nach ungefähr acht Wochen löst sich der Familienverband auf.

Zu diesem Zeitpunkt muß man daran denken, die Junghennen von den Junghähnen zu trennen. Bei den leichten Rassen ist die Unterscheidung bereits im Alter von zwei Monaten möglich. Bei mittelschweren und schweren Rassen dürfte sich der Anfänger in diesem Alter noch schwertun. Im Alter von zwölf Wochen sind die Hähnchen von den Junghennen leicht zu unterscheiden. Ein stark ausgeprägter Kamm ist ein untrügliches Kennzeichen für einen Hahn. Von nun an sollten die Hähnchen getrennt von den Junghennen im Garten untergebracht werden. Wer aber keinen geeigneten Platz zur Verfügung hat, muß sie schlachten oder schlachten lassen. Natürlich kann man auch ein paar Hähne bei den Junghennen lassen, auch zusammen mit den Alttieren. Nicht immer kommt es, wenn Hähne nebeneinander leben, in der Anfangsphase der Entwicklung zur Geschlechtsreife gleich zu Machtkämpfen. Sie können auch nebeneinander leben, ohne zu streiten, wer der Stärkere ist. Sie erzeugen zwar in der Gemeinschaft mit Hennen vermehrten Streß – weil sie versuchen, sich an diese heranzumachen.

Aber die erwachsenen Hennen lassen sich nicht einschüchtern. Die Junghähne stehen zunächst im Rang tiefer, da die Alttiere sie von Anfang an gepickt haben, um ihnen zu zeigen, wer sich wem unterzuordnen hat.

Mit der Geschlechtsreife der Jungtiere entbrennt der Kampf um die Vormachtstellung. Die Junghennen, die bis zur 26. Woche von ihrem „Hackrecht" noch nicht Gebrauch gemacht haben, werden auf einmal aggressiv gegenüber ihren Geschwistern. Sie hacken einander in den Kamm, in das Gesicht und in den Nacken. Ist durch das Hacken und Streiten die Rangordnung festgelegt, dann bedeutet das, daß die ranghöhere Henne die in der sozialen Hierarchie weiter unten stehende jederzeit vom Futterplatz, von der Stange oder vom Staubbad vertreiben kann – kurz, sie traktieren kann, wann immer ihr danach ist.

Die Hähne betonen ihre Machtposition noch stärker. Werden sie geschlechtsreif, dann dulden sie keinen Nebenbuhler neben sich. Sobald sich einer auf fünf Meter nähert, wird er sofort angegriffen und vertrieben. Gibt er aber seine Kampfbereitschaft zu erkennen, dann beginnt die Auseinandersetzung, indem sie aneinander hochspringen, die Beine gegeneinander stemmen und einander in den Kamm, in die Kehllappen und in das Gesicht hacken, während sie mit den Flügeln schlagen. Der unterlegene Hahn, der schneller erlahmt, zeigt durch eine Unterwürfigkeitsgeste und Demutsgebärde seine Kampfaufgabe an. Das Nackengefieder gesträubt, sich klein machend durch kraftloses Anheben und Sinkenlassen der Flügel, scheinbar völlig entspannt, verläßt er den Kampfplatz, während er noch einen klagenden Laut ausstößt. Nähert sich der Sieger, so flieht er in eine dunkle Ecke, um seinen Kopf zu verstecken und zu schützen, damit er nicht noch einmal gehackt wird.

Von nun an ist geklärt, wer von beiden das Sagen hat. Auf diese Art und Weise streitet jeder Hahn mit dem anderen um die Hackordnung.

Mit der Zeit haben es die ehemaligen Junghähne geschafft, sich mit den Hennen zu paaren. Von nun an ordnen sich auch die älteren Tiere ihnen unter. Ist die volle Geschlechtsreife erreicht, so erstarrt die soziale Ordnung endgültig.

Nun steht fest, wer der Hahn im Korb ist. Der ranghöchste unter ihnen hat gegenüber allen Hennen und Hähnen das Vorrecht. Neben seinen Rechten hat er auch wichtige Pflichten und Funktionen in der Hühnergesellschaft zu erfüllen. Er schützt seine Hennen als pflichtbewußter Hüter und Wächter, verteidigt sein Revier gegen mögliche Gegner und sorgt nebenbei noch für Nachwuchs. Er ist weit mehr als nur eine Zierde. Die Sonderstellung in der sozialen Hierarchie der Hühnergemeinschaft läßt ihn zum Friedensstifter eines sonst zerstrittenen Hennenvolkes werden.

Bei der Futtersuche lockt er, wenn er fündig geworden ist, hin und wieder seine Hennen und überläßt ihnen den Wurm. Trotz seiner Leitfunktion führt er die Hennenschar nicht wie eine Glucke, sondern ist bei Streitigkeiten gleich zur Stelle, um zu schlichten. Durch Krähen in bestimmten Zeitabständen demonstriert er lautstark, ebenso wie durch kräftiges Flügelschlagen, seine Stärke.

In der Hühnerschar tritt trotz der endgültigen Festlegung der sozialen Ordnung keine harmonische Ruhe ein. Sobald der ranghöchste Hahn eine Henne tritt, rennen alle anderen Hähne dazu und versuchen, ihn durch heftiges Attackieren zu vertreiben, um selbst noch die Henne zu befruchten.

Wer den Aufwand der Trennung von Hennen und Hähnen vermeiden will, die Streitereien unter den Hähnen nicht mit ansehen kann oder das Krähen vieler Hähne sich und den Nachbarn nicht zumuten möchte, für den ist der Kauf von Jungtieren eine ideale Alternative.

Die Entwicklung zu gesunden, legereifen Hennen setzt natürlich voraus, daß, wie bereits ausführlich besprochen, ein optimaler Auslauf und eine ausgewogene Fütterung gewährleistet sind. Der

Auch bei Tag ist das Ruhen (Stehen und Sitzen), bevorzugt auf Ästen, ein nicht zu unterschätzendes Grundbedürfnis – sowohl für jüngere als auch für ältere Tiere.

Eiweißanteil in der Nahrung muß weiter reduziert werden, damit es nicht zu einer verfrühten Geschlechtsreife kommt. Dies würde zu einer verminderten Legeleistung und auch zu einer Schwächung des Allgemeinzustandes führen. Wie bereits erwähnt, entwickeln sich die Junghennen in einer streßfreien Umgebung besser, das heißt, wenn es nur einen Hahn gibt und alle anderen herausgenommen werden.

Es sollte eine Selbstverständlichkeit sein, daß immer ausreichend Futter und Trinkwasser zur Verfügung stehen und von den Junghennen auch ohne allzu starke Störung durch die Alttiere eingenommen werden können. Eine zeitversetzte Fütterung kann hier eine Hilfe sein, daß sie nicht vom Trog abgedrängt werden.

Nicht unerwähnt bleiben soll, daß der Futterhandel auch Junghennenmehl sowie Leistungsfutter in Mehl- und Pelletsform anbietet. Gerade in der Frühphase des Eierlegens ist es, trotz der leichten Handhabung von Industriefutter, weiterhin angebracht, selbstgemischtes Grundfutter zu füttern. Dieses sollte, wenn möglich, aus biologisch geführten Betrieben stammen.

Alle Junghennen müssen gemeinsam fressen und dabei ungehindert am Trog stehen können. Die kombinierte Fütterung am Trog, durch Futterautomat und Handauswurf kommt dem Bedürfnis aller Hennen nach Abwechslung in der Futteraufnahme sehr entgegen.

Die Überbelegung mit Jungtieren ist eine artfremde Haltungsweise und daher abzulehnen. Je älter die Tiere werden, desto größer ist ihr Platzanspruch. Es ist also dafür Sorge zu tragen, daß der heranwachsende Bestand an Küken bzw. Jungtieren auf die zur Verfügung stehende Fläche abgestimmt wird. Die Hühnerzüchter sollten schon in der 10. bis 12. Woche zumindest die für die Zucht ausgewählten Hennen beringen. Die Beringung hat auch den Vorteil, daß man immer weiß, aus welchem Jahr die Tiere sind, sofern die Farbe der Ringe jährlich gewechselt wird.

Wer zu viele Junghennen hat und nur die besten Legetiere behalten möchte, kann sich von einem erfahrenen Züchter beraten lassen, nach welchen Kriterien die guten Legehennen von den schlechten unterschieden werden. Ob die bessere Legehenne auch früher die Sitzstangen verläßt, bis zur Dunkelheit draußen bleibt, schneller frißt, blaß im Gesicht ist, einen zurückgebliebenen Kamm und ausdruckslose Augen hat und im allgemeinen vitaler ist, darüber sind sich selbst Experten nicht einig. Sicher gilt auch hier der bekannte Spruch: „Ausnahmen bestätigen die Regel."

Die Aufzucht von Junghähnen

Die ausschließliche Haltung von Hähnen ist nicht artgerecht. Die Natur kennt keine Zusammenrottung von Hähnen. Sie weichen einander mit Beginn der Geschlechtsreife aus, was seinen biologisch tieferen Grund hat.

Nur ein Hahn bleibt beim Hühnervolk, die anderen werden von ihm bekämpft. Das freiwillige Alleinleben ist keine selbstgewählte Daseinsform. Ein alleingebliebener Hahn sucht aber die Nähe anderer Artgenossen, die ihm Schutz und Sicherheit bieten.

Wen immer wieder Gelüste nach gebratenem Hähnchenfleisch überkommen, der muß wissen, daß Mästen auf engstem Raum nicht tierschutzgerecht ist und letzten Endes auch strafrechtlich verfolgt werden kann, wenn die Tiere darunter leiden.

Masthähne, die im Freilauf gehalten und mit natürlichem Futter großgezogen werden, sind schwerer als solche aus Mastbetrieben, auch ihr Fleisch ist wohlschmeckender und unbelastet.

Das Sexualleben von Hahn und Henne

Der Hahn lebt polygam und ist Herr über 10 bis 15 Hennen. Ist ihre Zahl wesentlich größer, dann schafft er es nicht, alle Hennen zu treten. So werden immer wieder unbefruchtete Eier gelegt. Obwohl der Hahn in der Regel alle Hennen abwech-

Hühner müssen abends nicht in den Stall getrieben werden. Sie kehren bei Anbruch der Dunkelheit ganz von allein dorthin zurück.

selnd tritt, bevorzugt er die eine oder andere. Es passiert dann immer wieder, daß er auch eine vergißt und diese dann ein Ei legt, das nicht befruchtet ist.

Um sicher zu sein, daß alle Eier befruchtet werden, sollte man die Anzahl der Hühner auf die Größe der Rasse abstimmen.

Hält man eine leichte Rasse, dann kann man dem Hahn 15 bis 20 Hennen zumuten. Bei einer mittelschweren Rasse kann der Hahn 10 bis 15 Hennen befruchten. Nicht mehr als 7 bis 10 Hennen sollte ein Hahn der schweren Rasse führen, wenn man sichergehen will, daß alle Eier auch befruchtet werden.

Hat man mehr Hennen, als ein Hahn sicher befruchten kann, so sollte man sich nicht scheuen, einen weiteren oder mehrere in der Hühnerschar zu halten. Man muß dann ein paar Tage abwarten, bis die

Um alle angeborenen Verhaltensweisen ausleben zu können, bedarf es eines Umfelds, das so natürlich wie möglich sein sollte.

Rangordnungskämpfe abgeklungen sind und die hierarchische Ordnung feststeht. Vielleicht läßt es der ranghöhere Hahn zu, daß der rangniedrigere eine eigene Gemeinschaft mit einigen Hennen bildet und diese führt. Es kann natürlich auch passieren, daß er ihm keine Chance läßt, sich ungestört mit den Hennen zu paaren.

Die Paarung der Hühner beginnt in der Regel mit einem Ritual, dem Balzspiel. Die Initiative dazu geht immer vom Hahn aus. Er nähert sich der Henne in unterschiedlicher Art und Weise, wobei der Grad der Erregung entscheidet, welche bzw. wieviel Werbung zur Anwendung kommt, bevor er die Henne tritt.

Man unterscheidet mehrere Arten des Balzverhaltens:

- **Das Anlocken mit (vorhandenem oder vorgetäuschtem) Futter:** Am Anfang der Werbung oder der Balz versucht der Hahn, die Hennen oder auch nur eine Auserwählte um sich zu scharen bzw. auf sich aufmerksam zu machen, indem er stehenbleibt und sich bückt, um einen – wirklichen oder vermeintlichen – Bissen in den Schnabel zu nehmen oder auch ein besonders schönes Nest anzupreisen. Danach richtet er sich auf, um zu sehen, wer zu ihm kommt.
  Als zweite Variante der Werbung, die nicht eindeutig zur Balzzeremonie gerechnet werden kann, kommt das

- „**Nestlocken**" hinzu. Der Hahn täuscht vor, ein Nest gefunden zu haben, setzt sich hin, stampft und scharrt sich eine flache Mulde und gibt gurrende, lockende Laute von sich, in der Hoffnung, daß sich die Hennenschar zu ihm gesellt. Sind die Hennen seiner Aufforderung gefolgt und stehen um ihn herum, dann erhebt er sich und umwirbt sie mit der „Stolperbewegung", dem

- „**Stolpern über den Flügel**". Dies ist eine besondere Art der Werbung. Es ist eine Huldigungs-geste, die man auch als Werbung aus dem Stand bezeichnen kann. Dabei nähert sich der Hahn von vorne, von der Seite oder von hinten und umkreist die Henne mit tänzelnden, trippelnden Bewegungen, wobei er mit kurzen Schritten über seinen ihr abgewandten, nach unten gespreizten Flügel stolpert. Immer wieder dreht er sich im Halbkreis um sie herum, wobei er sich an der Seite der Henne um 180° wieder nach vorne wendet. Einmal steht er rechts neben ihr, das andere Mal links, den Kopf in der gleichen Richtung wie sie. Durch dieses Um-die-Henne-Trippeln hindert er sie am Davonlaufen.

  Kommen Hennen aufgrund des Lockrufes des Hahnes zu ihm gesprungen, und hält er sie dabei auf, dann kann es passieren, daß bei dieser Balzhandlung eine der Hennen sich duckt, der Hahn sich von hinten flugs nähert und den Tretakt vollzieht. Entzieht sie sich aber durch Flucht, so jagt er in

- „**Puterhaltung**" in vollem Lauf mit gestrecktem Hals, straff nach unten gehaltenen Flügeln, gesträubtem Gefieder, gefächerten und wehenden Schwanzfedern hinter ihr her. Erwischt er sie, dann ist es um sie geschehen. Er tritt sie und läßt die Kopulation sichtlich genießend durch „Stolpern über den Flügel" ausklingen. Erkennt er aber die Aussichtslosigkeit seines Unterfangens, und die Henne entkommt, dann stellt er durch lautes Krähen seine Jagd ein.

  Hin und wieder zeigen Hähne bei engem Zusammenleben eine weitere besondere Verhaltens-weise, die

- „**Aufbäumhaltung**". Sie ist nicht allzu auffällig, deshalb erkennt man sie nicht gleich als solche. Es ist eine Art „Fragezeichenhaltung", die der Hahn bei Annäherung an die Henne von hinten oder von der Seite einnimmt. Es sieht so aus, als ob der Hahn nicht schlüssig ist. Prüfend, abwägend steht er neben der Henne, den Hals gestreckt, unter Abspreizung des Nackengefieders den Kopf gesenkt. Wenn die Henne sich duckt, dann tritt er sie ohne viel Aufhebens. Läuft sie weg, dann ist es auch recht. Die leichte Erregung klingt sofort ab, und beide nehmen die Futtersuche wieder auf. Diese etwas zögerliche Werbung klingt mit der Stolperbewegung ab.

  Als echte Balzhandlung wird das Aufbäumen nicht gedeutet. Es ist aber dennoch eine schwach ausgeprägte Balzstimmung.

  Ist das Vorspiel des Aufbäumens die Stolperbewegung, und kommt es sodann zum Tretakt, dann werden Aufbäumen und Stolperbewegung zusammen schon als mittelstarke Balzstimmung angesehen.

Nur die Puterhaltung ist bei Hähnen eine stark ausgeprägte Balzstimmung.

Die Paarung als Akt der Fortpflanzung

Für viele Menschen, die das Hühnerleben nur aus Büchern kennen, ist die Paarung ein Buch mit sieben Siegeln, sofern sie auch im Biologieunterricht geschlafen haben.

Das Ducken der Henne ist Voraussetzung dafür, daß der Hahn sie besteigen kann. Der Auslöser für das Sich-Hinducken der Henne ist die Balz des Hahnes. Sie geht dann aus eigenem Antrieb in die Hockstellung. Fordert sie aber der Hahn durch einen Nackenbiß hierzu auf, dann hat sie keine andere Wahl, als sich zu ducken.

Mit nach vorne gedrückten, zusammengelegten Schwingen, die fest an den Körper angedrückt sind, und mit in die Höhe gerecktem Bürzel ist sie willig. Der Hahn besteigt die Henne von hinten mit gespreizten Flügeln, um die Balance zu halten. Daraufhin verbeißt er sich in ihrem Nackengefieder und umkrallt ihre Flügel. Gleichgewicht halten beide dadurch, daß die eingeknickten Läufe der Henne nebeneinander stehen und die ausgestreckten Schwingen des Hahnes zusätzlichen Halt geben.

Nun drehen beide ihren Schwanz auf die Seite, und der Hahn preßt seine Kloake auf die Henne. Dabei läuft etwas flüssiges Sperma aus dem Samenkanal des Hahnes und gelangt über die Kloake der Henne zur Befruchtung der Eier in den Eierstock.

Immer folgt das gleiche Nachspiel. Der Hahn verabschiedet sich mit der gewohnten Balz des „Stolperns über den Flügel", während sich die Henne wieder aufrichtet und im gewohnten Reflex das Gefieder schüttelt, es zurechtlegt und ihrer Wege geht.

Es gibt Hähne mit schwacher und solche mit starker Balzneigung. Die Heftigkeit und Häufigkeit der verschiedenen Werbungsformen ist aber auch von Rasse zu Rasse unterschiedlich. Die Haltungsbedingungen wie auch die Größe der Hennengemeinschaft haben einen Einfluß auf den Sexualtrieb des Hahnes. Gibt es mehrere Hähne, so paart sich der ranghöhere häufiger als der rangniedrigere. Dadurch vererben sich dessen positive Eigenschaften wie Vitalität und Stärke um ein Vielfaches. Begünstigt wird dies auch dadurch, daß die ranghöheren Hähne die rangniedrigeren daran hindern, eine Henne mit Erfolg zu treten.

Hennen und Hähne bevorzugen zum Kopulieren Tiere ihrer Rasse. Für den Züchter wenig hilfreich und sogar verwirrend ist die Tatsache, daß die lebhaftesten und regsamsten Hähne nicht unbedingt die besten Vererber sind. Oft vergeuden sie ihre Energie durch Angreifen von Hunden, Katzen und Menschen, durch besonders stolzes, auf sich selbst bezogenes Verhalten, statt sich mit Liebeswerben um die Hennen zu kümmern.

Es sollte den Herren Richtern zu denken geben, wenn der Nachbar den Hahn wegen zu lauten Krähens loswerden möchte. Ihm dieses abzugewöhnen oder ihn gar von seiner Hennenschar zwangszuverbannen, bedeutet mehr als nur eine empfindliche Störung der sozialen Ordnung. Die Natur kennt ein Hennenleben ohne Hahn nicht. Auch wenn sich mancher Nachbar durch das Krähen gestört fühlt und die Gerichte damit befaßt werden, gehört der Hahn zur artgerechten Hühnerhaltung. Die Hennen würden den Hahn nicht nur als Sexualpartner, sondern auch als Patriarchen vermissen, der die Zanksucht unter ihnen im Zaum hält. Die „Neue Verordnung zur Hennenhaltung" des deutschen Bundesministeriums für Verbraucherschutz, Ernährung und Landwirtschaft bedarf in dieser Hinsicht im nachhinein einer eindeutigen Stellungnahme zugunsten eines Hennenlebens mit Hahn – auch in der Legehennenhaltung. Jedes Tier hat ein Recht, artspezifisch zu leben.

Die Störung des Wohlbefindens – auch wenn es äußerlich für den Hühnerhalter nicht zutage tritt – ist gegen ein artgerechtes Haltungsgebot, wie es das Tierschutzgesetz und die Ethik im Umgang des Menschen mit den Tieren fordern, gerichtet. Auch wenn ein hahnenloses Leben der Legehennen in der neuen Verordnung sanktioniert wird, so darf dieses Festschreiben nicht von Dauer sein. Es müßte dahingehend geändert werden, daß hahnenloses Leben in der Nutztierhaltung von Legehennen generell verboten ist. Weiters sollte in die Hennenhaltungsverordnung ein Passus aufgenommen werden, daß das Halten von einem bzw. mehreren Hähnen für jeden Hühnerhalter vorgeschrieben ist.

Weitere Faktoren, die das Zusammenleben stören und dadurch das gesundheitliche Gleichgewicht beeinträchtigen, sind:

- Zu große Herden. Am natürlichsten ist zweifellos die Haltung von 10 bis 30 Tieren. Bei größeren Verbänden führt das Eindringen des Hühnerhalters beim Eiersammeln oder Nachfüllen der Futtergefäße zur sozialen Unordnung. Die Hühner werden auseinandergetrieben und sind von „Fremden" umgeben. Dadurch geraten sie in psychischen Streß und streiten. Das hat gesundheitliche Probleme und Leistungseinbußen zur Folge.
- Auch das Einsetzen von Neuankömmlingen führt zu derartigen Störungen.
- Zu viele Hähne.
- Körperliche Verstümmelungen wie das Schnabelkürzen wirken sich auf das Verhalten der Tiere mehr oder weniger stark aus. Kammabschneiden und Kupieren der Flügel beeinträchtigen das Wohlbefinden der Tiere ebenfalls und sind daher strikt abzulehnen.

Das Ei

Bei voller Geschlechtsreife der Henne sind sämtliche Eier, die sie in ihrem Leben legen kann, als winzige Zellen oder Follikel (Keimanlagen für Eier) bereits vorhanden. Neue Eifollikel reifen nicht mehr heran. Sie kann im Durchschnitt 800 Eier legen, manch eine schafft auch 1.000 Stück. Bei artgerechter Haltung, Fütterung und guter Pflege reifen die Follikel schneller zu den befruchtungsfähigen Dotterkugeln heran. So kann es passieren, daß die Henne schon nach drei bis vier Jahren alle Eier gelegt hat und nicht erst nach sechs Jahren ihre Legetätigkeit einstellt. Eine Henne legt im Jahr durchschnittlich 210 bis 230 Eier.

Solange der Geschlechtstrieb der Junghenne noch nicht voll entwickelt ist, bleiben die Eifollikel winzig klein. Setzt er aber ein, dann vergrößern sie sich allmählich, und zwar zuerst jene, die am unteren Teil des Eierstocks liegen und vom Eileitertrichter als erste aufgefangen werden. Zunächst haften die kleinen Dotterkugeln, in einer dünnen Haut mit feinen Blutgefäßen eingeschlossen, am Eierstock. Der Reifeprozeß geht so lange weiter, bis die dünne Haut abtrocknet und reißt. Über den Wimperntrichter gelangt das Eigelb (Dotterkugel mit Eizelle) in den Eileiter und wandert dann, während es sich weiterentwickelt, durch diesen, bis das Ei schließlich fertig mit Kalkschale durch die Kloake austritt. Gleich zu Beginn des Eintritts in den Eileiter wird die Keimscheibe durch ein Spermium (Samenzelle) des Hahnes befruchtet. Durch einmaliges Treten einer Henne kann eine größere Zahl von Eiern (10 bis 15) befruchtet werden, solange diese noch nicht mit einem dünnen Häutchen (Dottermembran) und einer dicken Eiweißschicht überzogen sind. Bis zu drei Wochen nach der Begattung können Eier noch befruchtet werden, denn so lange dauert es, bis die dicke Eiweißschicht aufgebaut ist. Folglich kann man beim Austauschen des Hahnes erst nach drei Wochen die Eier für die Brut wegnehmen und sich sicher sein, daß der neue sie befruchtet hat.

Die Befruchtung des Eies steht also am Anfang seines Entstehens. Natürliche Lichtverhältnisse sind sehr wichtig, um gute Legeergebnisse zu erzielen. Strahlendes Tageslicht aktiviert die Drüsen im Hirn noch stärker, und diese wirken dadurch vermehrt auf den Eierstock, der die Entstehung der Eier reguliert.

Gleich nach der Befruchtung setzt die Embryonalentwicklung ein. Parallel dazu lagert sich bei der Wanderung des Eies durch den Eileiter zuerst zähflüssiges, dann dünn- und schließlich dickflüssiges Eiweiß um den Dotter herum ab. Das zähflüssige Eiweiß der ersten Absonderung wird bei den Polen des Eies zu den bekannten Hagelschnüren, auch „Hahnentritt" genannt, zusammengedreht. Zu guter Letzt wird auf die Schalenhaut, die das dickflüssige Eiweiß umgibt, Kalk bis zur Dicke von 0,3 mm abgelagert. Kurz vor dem Austritt durch die Kloake wird die Kalkschale mit einer Kutikula (Schleimschicht oder elastisches Oberhäutchen) überzogen. Das Ei ist fertig und kann gelegt werden.

Das Eierlegen

Wie das Nest auszusehen hat, wurde bereits behandelt. Über das Verhalten bei der Suche nach dem Nest, den Legeakt und das Verlassen des Nestes wurden schon viele Bücher geschrieben. Man weiß inzwischen, daß der Komfort des Nestes entscheidend dazu beiträgt, daß die Henne sich wohl fühlt und darin auch gerne ihr Ei legt. Instinktiv setzen sich Hennen immer in dieselben Nester, die auch ihre Artgenossinnen bevorzugen. Ein bereits benutztes Nest wird bevorzugt aufgesucht, vor allem, wenn schon einige Eier darin liegen. Die ranghöhere Henne nimmt bei gleichzeitigem Aufsuchen des Nestes als erste den Platz ein. Nicht ungewöhnlich ist, daß die anderen sich danebensetzen dürfen, aber beim Versuch, sich im gleichen Nest niederzulassen, sofort weggepickt werden.

Wenn eine Henne im Garten merkt, daß sich ein Ei bemerkbar macht, wird sie unruhig. Aufgeregt verläßt sie die Hühnerschar, beginnt zu gackern und läuft im Garten umher. Schließlich verschwindet sie durch das Hühnerstalloch in das Innere des Stalles. Das Legegackern steigert sich; von Sitzstange zu Sitzstange hüpfend, nähert sie sich den Nestern und scheint sie unschlüssig zu inspizieren. Die Aufregung steigert sich, das gackernde Geschrei wird lauter, und andere Artgenossinnen, manchmal auch der Gockel, gackern mit. Auf einmal sind alle verstummt. Die Henne hat ihr Nest gefunden. Sitzend oder auch halb stehend, zumindest in leicht gehockter Stellung, läßt sie ihr Ei ins Nest fallen.

Manche Hennen verharren nun noch eine Weile sichtlich entspannt im Nest und scheinen mit sich und der Welt zufrieden zu sein; andere verlassen sofort ungestüm das Nest und verkünden unter lautem Gegacker, daß sie ein Ei gelegt haben. Allgemein wird dies als eine Art Abgesang angesehen. Viele Hühnerexperten und Verhaltensforscher sehen hierin aber eher einen instinktiven Hilferuf nach den anderen Tieren, die im Garten, wie auch in der Wildnis, inzwischen ihren vorherigen Standplatz verlassen haben und weitergezogen sind. Diesen „Herdensuchruf" beantwortet der Gockel mit aufgeregtem Gegacker, und er läuft der aus dem Stall stürmenden Henne entgegen. Auch die übrigen Hennen halten inne und warten, bis der Gockel das betreffende Tier in die Nähe der Herde zurückgebracht hat.

Das Ei ist gelegt und sieht mit seiner meist weißen Kalkschale makellos aus. Je nach Rasse werden auch braune (z. B. von Barnevelder- oder Welsumerhühnern) oder grüne Eier (von Araucana-hühnern) gelegt. Es vergehen mindestens 24 bis 30 Stunden, bis das nächste Ei reif ist und gelegt wird. Schlechte Legerinnen brauchen noch länger für das nächste Ei.

Legt die Henne wider Erwarten an einem Tag zwei Eier, so ist das außer der Norm, die Eier sind auch anders ausgebildet. Es handelt sich um sogenannte **Windeier**, das sind Eier mit weichen bzw. ohne Schalen. Sie können ohne weiteres gegessen werden. Häufig werden sie von Junghennen zu Legebeginn gelegt, was aber keine krankhaften Ursachen hat. Ein paar Mal kann dies vorkommen, dann haben die Eier eine schön ausgebildete Kalkschale, sofern auch genügend kalkhaltiges Futter gegeben wird.

Von sogenannten **Spareiern** spricht man, wenn sie ohne Dotter gelegt werden. Auch kommt es hin und wieder vor, daß **Eier mit Doppeldotter** gelegt werden. Ihre Entstehung ist darauf zurückzuführen, daß bei zwei Follikeln gleichzeitig die Haut platzt, sie dadurch zusammen in den Eileiter gelangen und zu einem Ei mit Kalkschale ausgebildet werden.

Manchmal legen Hennen auch ein **Ei im Ei**. Dies hat seine Ursache darin, daß die Passage des Eies durch den Eileiter plötzlich gehemmt wird. Erst durch das nachfolgende Ei wird es weitergeleitet und mit diesem zusammen zu einem Ei mit gemeinsamer Eischale ausgebildet. Natürlich kann auch ein solches Ei ohne Bedenken gegessen werden.

In regelrechte Legenot gelangt eine Henne, wenn das Ei zu groß bzw. auch unregelmäßig geformt ist oder quer im Eileiter liegt und dadurch nicht mehr weitertransportiert werden kann. Dies erkennt man daran, daß die Henne die Flügel hängen läßt, einen Buckel macht und immer wieder versucht, das Ei herauszupressen. Abhilfe schaffen kann man, indem man das Tier über ein heißes Kamillendampfbad hält und das Ei herausmassiert. Auch ein Einlauf mit Öl kann die Henne von ihren Qualen befreien. Hilft das alles nichts, so ist der Tierarzt zu Rate zu ziehen.

Der Geschmack des Eies wird durch äußere Einflüsse, aber auch durch das Futter beeinflußt. Eine Fütterung mit verdorbenen Futtermitteln und die Aufnahme abgestandenen Wassers wirken sich geschmacklich negativ auf die Eier aus. Die Verfütterung von Fischmehl führt ebenfalls zu einem unangenehmen Geschmack, ebenso traniges und salzhaltiges Futter. Günstig auf den Geschmack wirkt sich die Gabe von Milchprodukten und Grünfutter aus. Dies gibt dem Dotter auch die gewünschte dunkle Farbe.

Die Lagerung des Eies

hat ebenso einen großen Einfluß auf den Geschmack, denn Gerüche dringen durch die Poren der Schale ins Innere. Der Geruch des Stalles wie auch der Futtermittel wird vom Ei aufgenommen. Auch der gesundheitliche Zustand der Hennen wirkt sich auf die Qualität der Eier aus. Medikamentös behandelte Tiere geben nicht abgebaute bzw. teilweise metabolisierte Arzneimittel in die Eier ab.

Nach dem Legen, das meistens vormittags – innerhalb der ersten sechs Stunden nach Tagesbeginn – geschieht, sollten die Eier möglichst bald eingesammelt und an einen kühlen, luftigen Ort gebracht werden.

Die Größe des Eies sagt überhaupt nichts über die Qualität aus. Junghennen legen kleinere Eier als Althennen. Die Größe ist auch von der Rasse abhängig. Der Geschmack des Eies hängt nicht zuletzt von der Haltung und Fütterung der Henne ab.

Ein verschmutztes Nest hat auch verschmutzte Eierschalen zur Folge, wodurch Krankheitskeime in das Ei übertragen werden können. Je länger die Eier gelagert werden, desto mehr lassen Geschmack und Qualität nach, natürlich auch die Haltbarkeit.

Nachdem im späten Herbst und in den Wintermonaten die Legetätigkeit oft gänzlich eingestellt wird oder zumindest abfällt, ist es wichtig, daß man sich im Sommer Junghennen beschafft, die dann im Herbst und Winter, während die übrigen Tiere in der Mauser sind, voll legen. Mittels farbiger

Flügelmarken oder Fußringe markiert man, wie erwähnt, die Hennen, so daß man weiß, aus welchem Jahr sie sind und wann mit der Einstellung der Legetätigkeit zu rechnen ist.

Um die Haltbarkeit der Eier zu erhöhen, sollten sie nicht gewaschen, sondern höchstens trocken abgerieben werden und, wie gesagt, in einem kühlen und dunklen Raum, dessen Temperatur unter 13 °C liegt, aufbewahrt werden. Im Kühlschrank trocknen Eier schneller aus und halten daher nicht lange. Wichtig ist, daß man sie mit der spitzen Seite nach unten lagert.

Für die Winterzeit kann man bereits ab dem Spätsommer mit der Bevorratung beginnen. Als Konservierungsmittel eignen sich Wasserglas (Kaliumsilikat), Salz- und Kalkwasser (Kalkmilch). Man setzt eine wäßrige Lösung in einem Steintopf an und legt vorsichtig die zuvor gereinigten, unbeschädigten Eier hinein. Den Topf stellt man in einen kühlen Raum. Noch nach Monaten kann man diese Eier verwenden. Sie haben sich allerdings geschmacklich etwas verändert und eignen sich nur noch zum Kochen und Backen. Als Frühstückseier taugen sie nicht mehr.

Alle Konservierungsmittel haben das Ziel, die Poren der Eier zu verschließen. Fett, Paraffin, Leim, Schellack, geschmacklose Vaseline und auch Salicylsäurelösung fanden zu Großmutters Zeiten Verwendung.

Glückliches Hühnerleben! Mit natürlichem Futter bestens versorgt, wachsen diese Tiere nahezu streßfrei auf.

Das Schlachten

Es gibt verschiedene Gründe, eine Henne oder einen Hahn zu schlachten. Bei Hennen liegt es nahe, daß man sie schlachtet, wenn sie nicht mehr legen – außer man hält sie der reinen Tierliebe wegen und läßt sie so lange am Leben, bis sie altersbedingt sterben.

Möchte man aber auf dem Frühstückstisch das ganze Jahr über frische Eier haben, dann muß man dafür Sorge tragen, daß die Hennen auch immer Eier legen. Daher ist stets für Nachschub an legenden Hennen zu sorgen. Wenn sie nach vier bis sechs Jahren das Eierlegen einstellen, so müssen bereits junge Legehennen bereitstehen.

In der sozialen Hierarchie einer Hühnergesellschaft kommt zuerst der Hahn und dann die Hennen.

Die älteren oder leistungsschwachen Tiere sollten dann umgehend geschlachtet werden, damit der Stall nicht überbelegt ist und die Neuankömmlinge nicht vor lauter Streß mit Legeverhalten reagieren. Nur in seltenen Fällen wird man jemanden finden, der bereit ist, die Hühner aus Liebhaberei zu übernehmen, um ihnen ein Weiterleben bis zu ihrem natürlichen Tod zu ermöglichen.

Auch mehrere Hähne im geschlechtsreifen Alter sind Störfaktoren eines natürlichen Hühnerlebens. Um andauernden Streit und Streß zu vermeiden, müssen sie geschlachtet werden. Auch wird permanentes Krähen nicht überall von den Nachbarn akzeptiert.

Aus diesen Gründen muß man sich als Hühnerhalter auch mit dem Schlachten des Geflügels auseinandersetzen. Man kann es selbst erledigen oder die Tiere von einem Fachmann schlachten lassen.

Um Zeit und Geld zu sparen, wird man auf die Dauer nicht umhinkommen, die Tiere selbst zu schlachten. Irgend jemand in der Familie wird sich bestimmt bereit erklären, diese Tätigkeit zu übernehmen.

Grundsätzlich ist zu beachten, daß das Töten des Tieres schnell und schmerzlos zu erfolgen hat. Das schreibt das Tierschutzgesetz vor und muß unbedingt eingehalten werden.

Wer sich beim ersten Mal noch etwas unsicher fühlt, bittet am besten jemanden um Mithilfe. Danach kann alles allein durchgeführt werden, denn man weiß dann, worauf es ankommt.

Ein ordentlich geschlachtetes Huhn sollte zunächst appetitlich aussehen, was immer man darunter auch verstehen mag. Natürlich gibt es Menschen, für die ein geschlachtetes Tier nie ein appetitanregendes Aussehen hat. Dennoch gilt auch hier, daß das Auge mitißt. Blutverschmiert, mit eingerissener Haut, blauen Flecken und steckengebliebenen Federkielen – so sollte die geschlachtete Henne oder der Hahn nicht aussehen.

Bei den Tieren, die geschlachtet werden, müssen der Darm und der Kropf leer sein bzw. dürfen kaum noch Futterreste enthalten. Es sollte darauf geachtet werden, daß die Tiere 12 Stunden vor dem Schlachttermin kein Futter mehr zu sich nehmen können.

Ratsam ist es, das Huhn frühmorgens aus dem Stall zu holen, noch bei Dunkelheit, wenn die anderen Tiere noch auf der Stange sitzen und nichts sehen. Alles muß nun sehr schnell gehen, damit das Huhn nicht allzusehr in Streß und Angst versetzt wird. Das kann nur funktionieren, wenn alle Schlachtutensilien zuvor bereitgelegt worden sind. Dazu gehören ein Beil, ein Eimer, ein scharfes Messer, eine Schüssel mit warmem Wasser und, nicht zu vergessen, ein Holzklotz.

Wenn man das Huhn erst im Garten oder im Stall einfangen muß, was als tierquälerisch angesehen wird, dann sollte man das Schlachten um einen Tag verschieben. Gestreßte und verängstigte Tiere haben eine verkrampfte Muskulatur und bluten nicht ganz aus. Auch sind sie schwer zu rupfen.

Das Tierschutzrecht schreibt vor, daß ohne Betäubung nicht geschlachtet werden darf.

Man trägt das Huhn mit dem Kopf unter der Jacke aus dem Stall und umgreift mit dem linken Arm die Beine zusammen mit den Flügeln. Durch einen gezielten, kräftigen Schlag mit einem Holzstück auf den Hinterkopf wird es betäubt. Weniger elegant ist die Methode, den Kopf des Tieres an den Holzklotz zu schlagen. Danach wird das Huhn mit dem Kopf auf den Holzklotz gelegt, der Hals durch Ziehen am Kamm etwas verlängert. In einem kräftigen Schlag durchtrennt man mit einem scharfen Beil den Hals, wobei der Kopf zu Boden fällt und das Huhn ausblutet.

Es gibt noch eine weitere Möglichkeit, die angewandt wird, um ein Huhn zu töten. Nachdem es betäubt worden ist, umgreift man die Beine mit der linken Hand und den Hals mit der rechten, und zwar so, daß der Kopf zwischen den beiden mittleren Fingern hervorsteht. Die rechte Hand wird nach unten gedrückt und so gedreht, daß der Kopf des Huhnes nach hinten gebeugt wird. Sobald man fühlt, daß der Wirbel bricht, hört man auf. Mit einem scharfen Messer durchtrennt man dann die Halsschlagader und läßt das Huhn ausbluten.

Für das Ausbluten ist es angebracht, das Blut in einen Eimer tropfen zu lassen und nicht auf den Boden. Das Hineinhalten des Tieres in den Eimer verhindert, daß durch unkontrollierte Zuckungen die Kleidung mit Blut bespritzt wird.

Das Rupfen

Man fängt mit dem Rupfen an, sobald das Huhn ausgeblutet ist und solange es noch warm ist. Dies hat den Vorteil, daß sich die Federn leicht entfernen lassen. Man muß vorsichtig arbeiten, damit die

Haut nicht zerreißt; und es muß schnell gehen, da durch das Erkalten bzw. Erstarren des Tieres die Arbeit erschwert wird. Das Trockenrupfen ist eine mühsame Tätigkeit, aber der Aufwand zahlt sich aus, denn das Ergebnis kann sich sehen lassen. Die Haut des Huhnes sieht danach sauber und appetitlich aus.

Viele wollen sich der Mühe des Trockenrupfens nicht unterziehen, daher übergießen sie das Huhn, nachdem es grob gerupft worden ist, mit heißem Wasser oder tauchen es kurz – für ca. eine Minute – in heißes Wasser ein. Danach lassen sich die Federn leicht herausziehen, allerdings ist die Haut dann schon etwas spröde und reißt leicht ein. Solcherart gerupfte Hühner verwendet man am besten für den Eigenbedarf, da sie nicht mehr ganz ansprechend aussehen.

Rupfen kann man im Stehen oder auch im Sitzen, je nach Belieben. Zunächst werden die Schwanz- und die Flügelfedern büschelweise in Wuchsrichtung ruckartig ausgerupft, wobei die Haut mit der anderen Hand straff gespannt wird, damit sie nicht einreißt. Dann folgen die Brustfedern in Richtung zum Schwanz und die Federn auf dem Rücken in Richtung zum Kopf. Daraufhin werden Hals- und Beinfedern entfernt. Härchen und Federkiele entfernt man am besten mit dem Messer, indem man sie zwischen Daumen und Messer nimmt und herausreißt. Zum Schluß sengt man mit einer Flamme die feinen Härchen ab, damit das geschlachtete Tier sauber aussieht.

Wer nicht händisch rupfen will, kann sich einer Rupfmaschine bedienen.

Das Ausnehmen

Für das Ausnehmen benötigt man ein sehr scharfes Messer. Man setzt es am Nackenansatz an und schneidet unter der Haut bis zum Hals hoch. Dann trennt man den Halswirbel am unteren Ende mit einer Geflügelschere oder einem Messer ab und entfernt ihn. Der Zeigefinger der rechten Hand wird eingeführt, und durch Herumbewegen werden alle Innereien abgetrennt.

Danach wird zwischen Kloake und Schwanz eingeschnitten und um den After herumgeschnitten, damit er vom Körper abgetrennt wird. Dies sollte sehr vorsichtig geschehen, damit der Mastdarm nicht verletzt und auch noch abgetrennt wird. Nun wird der After mit den daranhängenden Gedärmen vorsichtig aus dem Schwanzende herausgezogen. Muskelmagen, Lunge und Herz folgen den Gedärmen.

Bei der Entfernung der Leber ist darauf zu achten, daß die Galle nicht beschädigt wird. Sie ist daraufhin behutsam von der Leber zu trennen, damit nicht Flüssigkeit ausläuft und Teile des Fleisches ungenießbar werden.

Wem der Einschnitt um die Kloake herum zu klein erscheint, der kann auch bis zum Brustbein aufschneiden und den Darm dann vorsichtig herausziehen. Mit der Hand greift man tief in den geöffneten Körper und holt das Herz, die Leber und den Magen heraus. Mit Geschick kann man auch in einem einzigen Handgriff die gesamten Innereien auf einmal herausnehmen, ohne daß Teile des Eingeweides hängenbleiben.

Auch die Lunge kann herausgenommen werden. Das ist aber nicht zwingend erforderlich. Wenn man den Hals auch verwerten möchte, dann wird der Kropf aufgeschnitten und mit Wasser gesäubert. Dabei entfernt man auch Luft- und Speiseröhre.

Es wäre eine Sünde, wenn der Magen weggeworfen würde. Man schneidet ihn an der schmalen Seite auf und nimmt den Mageninhalt zusammen mit der gelblichen Haut und der Reibeplatte heraus.

Nach gründlichem Abspülen mit kaltem Wasser wird das geschlachtete Tier für mindestens zwei Tage mit den Füßen nach unten in einem kühlen Raum aufgehängt. Danach kann man es für die Verwendung in der Küche herrichten.

Die Züchtung der Rassen

Der Beginn der Domestikation des Haushuhnes ist auch der Anfang der Hühnerzüchtung. Mit der Zeit brachte die Züchtung eine ganze Reihe von zahmen Hühnerrassen hervor. Ausgangspunkt war das Bankivahuhn, das bereits im Wildzustand eine ausgesprochene Neigung zeigte, Varietäten zu bilden, und sich in seinem großen Verbreitungsgebiet in zahlreiche Lokalrassen aufspaltete. Die Zucht galt zunächst der Haltung von Hähnen als Kultfiguren und als Kampftiere. Erst später züchtete man die Hühner wegen der Eier, des Fleisches und ihrer Schönheit.

Die wetterfesten Vorwerkhühner sind bei freiem Auslauf und entsprechender Weide sehr gute Futtersucher; daher muß man nur wenig zufüttern.

In der Vergangenheit war man aber noch nicht so weit, daß man gezielt züchten konnte. Die Vielzahl der Hühnerrassen, die sich durch Kreuzungen herausbildete, war nicht das Ergebnis planmäßiger Züchtung, sondern von Zufallspaarungen.

Das Mittelalter brachte weitere Rassen hervor. Der Dreißigjährige Krieg mit seinen furchtbaren Verwüstungen brachte demgegenüber einen Stillstand im Leben auf dem Land mit sich. Nach dessen Ende war nicht an Neuzüchtungen zu denken, sondern man war mit den wenigen Landhuhnschlägen zufrieden, die man noch hatte. Doch allmählich erholte sich der Geflügelbestand.

Erst im 19. Jahrhundert erlebte die Rassegeflügelzucht einen gewaltigen Aufschwung. Schwere Rassen aus Asien, Züchtungen aus anderen europäischen Ländern kamen in den deutschen Sprachraum und beflügelten die Hühnerhalter zur Zucht neuer Rassen. Mit dem Aufkommen der kommerziellen Hühnerzucht und dem ehrgeizigen Bestreben mancher Züchter nach neuen Rassen und Farbschlägen wurden alte, lokale Landhuhnschläge immer mehr an den Rand gedrängt.

Die kommerzielle Geflügelzucht nahm sich der intensiven Selektionsarbeit an. Sie kombinierte wenige Rassen und schuf „Eierlegemaschinen". Man behauptete, es seien Rassen, die für die Legebatterien wie geschaffen seien. In Wirklichkeit aber werden bei den Käfighühnern die natürlichen Instinkte unterdrückt.

Weiß- und Braunleger traten ihren Siegeszug rund um den Globus an. Ausgangspunkt für die Erschaffung von Masthähnchen waren die Hennen der Rasse „Weiße Plymouth Rocks", und für die Hahnenlinie nahm man Tiere der Rasse „Weiße Cornish". Die moderne Hybridzucht in den dreißiger Jahren des 20. Jahrhunderts schuf durch intensive Zuchtarbeit wenige Rassen mit hohem Leistungsniveau bezüglich Eierzahl und Fleischgewinnung.

Das Potential der Rassegeflügelzüchter reichte nicht aus, um der Gefahr des Aussterbens seltener Rassen mit Entschiedenheit entgegenzutreten. Die Gesellschaft zur Erhaltung alter und gefährdeter Haustierrassen e. V. (GEH) mit Sitz in Witzenhausen und ähnliche Vereine in Österreich und der Schweiz mußten ins Leben gerufen werden, um sich dieser Tiere anzunehmen und sie wieder ins Gedächtnis zurückzurufen.

Diese seltenen Rassen, wie z. B. die Appenzeller Spitzhauben, die Westfälischen Totleger, die Vorwerkhühner, verfügen aufgrund ihrer Entwicklungsgeschichte und ihres regionalen Verbreitungsgebietes über charakteristische Eigenschaften, die sie zu wichtigen Genreserven für nachfolgende Züchtungen machen.

Um die auf der roten Liste stehenden Hühnerrassen näher kennenzulernen, werden sie in den folgenden Ausführungen aufgelistet und kurz beschrieben.

Die deutsche GEH, der österreichische Verein zur Erhaltung gefährdeter Haustierrassen (VEGH) in Klagenfurt und der schweizerische Züchterverband Pro Specie Rara (PSR) in St. Gallen würden sich freuen, wenn Sie sich durch eine Vereinsmitgliedschaft – passiv wie aktiv – für den Erhalt dieser Tiere engagieren.

Die Vielfalt
der Hühnerrassen

Bereits Kelten und Germanen haben, neben Griechen und Römern, domestizierte Hühner gehalten. Man glaubt mit ziemlicher Sicherheit, daß Hühner bereits im 7. Jahrhundert v. Chr. im Gebiet nördlich der Alpen auftraten. Der Ursprung der Domestikation dürfte aber 7.000 Jahre zurückliegen und in Indien zu suchen sein.

Zunächst sah man im Hahn eine heilige Kultfigur, die der Sonnengott sandte, um den Tagesanbruch anzukündigen. Ihm brachte man ein gebührendes Maß an

Nur wenigen ist es vergönnt, das vielgepriesene Frühstücksei von freilaufenden Hühnern garantiert frisch auf dem Tisch zu haben.

Verehrung entgegen, um die Gottheit gnädig zu stimmen und ihre Gunst zu erwirken. Den Hahn bei religiösen Handlungen opfern zu können, war der primäre Grund für die Domestikation. Später kam der Hahnenkampf als weiterer Grund hinzu.

Man nahm die Hähne auch mit auf Kriegszüge. Dadurch kamen sie in andere Regionen. Erst zuletzt kam die wirtschaftliche Verwendung auf und trat schließlich immer mehr in den Vordergrund. Zunächst wurden die Hühner nicht primär wegen der Eier, sondern wegen des Fleisches gehalten.

Von Zeit zu Zeit wurden die Hühner durch Züchtung genetisch verändert. Sie wurden dadurch an die Bedingungen der bäuerlichen Wirtschaft, aber auch an menschliche Gewohnheiten angepaßt.

Die Wissenschafter sind sich so gut wie sicher, daß der Ursprung der heutigen genetischen Vielfalt der Hühner nicht auf mehrere Wildhuhnarten zurückzuführen ist. Das Haushuhn stammt nach heutigem Kenntnisstand von einer der 24 Ordnungen der Vögel (Hühner, Gänse, Enten, Trut- und Perlhühner, Wachteln) ab, und zwar von der Ordnung der Hühnervögel (*Galliformes*).

Aus dieser Ordnung wurden in der Familie der Fasanenartigen (*Phasianidae*) vier Arten domestiziert: das südostasiatische Kammhuhn (*Gallus gallus*), auch Rotes Dschungelhuhn oder Bankivahuhn genannt, weiters das nordmittelamerikanische Truthuhn, das afrikanische Perlhuhn und die japanische Wachtel.

Anmerkung: Die Ordnung der Tiere in der Biologie erfolgt in diesen Abstufungen: Stamm – Klasse – Ordnung – Familie – Gattung – Art – Unterart (= Rasse). Jedes Wildtier hat einen Gattungs- und einen Artnamen. Die Unterart erhält dann noch einen zusätzlichen Namen hinzugefügt.

Auch wenn die Gattung der Kammhühner vier Wildhuhnarten kennt – das Rote Kammhuhn (*Gallus gallus*), das Graue Kammhuhn oder Sonnerat-Huhn (*Gallus sonnerati*), das Gelbe Kammhuhn oder Lafayette-Huhn (*Gallus lafayette*) und das Grüne Kammhuhn oder Gabelschwanzhuhn (*Gallus varius*) –, wird nur die Art Rotes Kammhuhn (*Gallus gallus*)/Bankivahuhn als Stammhuhn der heutigen Hühnerrassen definiert.

Da aber die Art Rotes Kammhuhn sich noch in fünf Unterarten, je nach Farbe und Größe der Ohrscheiben und nach regionaler Lebensraumzugehörigkeit, aufteilen läßt, können tatsächlich mehrere dieser Unterarten die Ahnen unserer Hühnerrassen sein.

Aufgrund der Tatsache, daß das Urgeflügel ein großes Verbreitungsgebiet hatte und unterschiedliche geographische und klimatische Gegebenheiten vorherrschten, entwickelten sich in diesen Wildpopulationen genetische Unterschiede. Sie zeigten eine große Anlage zur Variabilität. Insbesondere zeichnet sich das Bankivahuhn durch eine hohe Neigung zur Rassebildung aus.

Diese Verschiedenheiten gingen als Ausgangspunkte in die Domestikation und Weiterzüchtung ein und ließen über Jahrtausende und Jahrhunderte zunächst primitive Landschläge, dann vielschichtige, charakteristische Rassen entstehen. Die Industrialisierung der Landwirtschaft schließlich, einhergehend mit Massentierhaltung, brachte durch die Herdbuchzüchtung hochspezialisierte Linien an Hybridhühnern hervor.

Manche alte Hühnerrasse starb aus, andere fanden sich in der roten Liste der bedrohten Nutztierrassen in den Kategorien „alarmierend", „gefährdet", „kritisch", „bedenklich" wieder.

Form und Farbe variierten im Lauf der Zeit. Aber nicht nur das Äußere veränderte sich. Es kam auch zu Veränderungen in der Skelettstruktur, in der Muskulatur, im Federkleid, in der Farbe der Federn, ihrer Dichte, Länge, Derbheit und Struktur, in der Haut, im Kreislauf, in der Fortpflanzung, im Hormonhaushalt, Stoffwechsel, Lebenszyklus und im Verhalten. Körpergröße und -proportionen unterscheiden sich augenfällig vom ursprünglichen Wildhuhn. Schwere, mittelschwere, leichte und verzwergte Rassen sowie die eigentlichen Zwergrassen bildeten sich heraus.

Das Haushuhn, das keine eigene Art bildet, sondern der Stammart zugeordnet wird, kann sich mit einem Bankivahuhn paaren und fruchtbaren Nachwuchs zeugen. Es verwundert somit nicht mehr, daß durch Zähmung und künstliche Zuchtwahl, wobei mit Vorliebe Neubildungen jeder Art gepaart wurden, aber auch auf das Bankivahuhn zurückgegriffen wurde, eine Unzahl von Rassen und Schlägen des Haushuhns hervorgegangen ist.

Zur Unterscheidung der unterschiedlichen Haustierformen führte man den Begriff Rasse ein, wobei die Rasse beim Haustier der Unterart eines Wildtieres entspricht. Die fünf Unterarten des Roten Kammhuhnes (Bankivahuhn) sind das Cochinchina-Bankivahuhn (*Gallus gallus gallus*), das Vorderindische Bankivahuhn (*Gallus gallus murghi*), das Burma-Bankivahuhn (*Gallus gallus*

spadiceus), das Tonkin-Bankivahuhn (*Gallus gallus jabouillei*) und das Javanische Bankivahuhn (*Gallus gallus bankiva*). Eine Unterart unterscheidet sich nicht nur genetisch von einer anderen, sondern auch als räumlich begrenzte Gruppe lokaler Populationen. Viele Rassen und Schläge, die nachgezüchtet wurden, entfernten sich immer mehr vom Stammhuhn. Der neuzeitliche riesige Malaienhahn hat dieselben Ahnen wie die winzigen Bantamhühnchen. Am markantesten gegenüber den ursprünglichen Wildrassen wurde die Gestalt der Hühner geändert. Nur noch der Kampfhuhntyp erinnert an das hochgereckte Wildhuhn. Bei den anderen Kulturtypen ist die Figur eiförmig (Orloff) oder vierschrötig-kugelig (Cochin). Der Landhuhntyp (z. B. Ramelsloher) springt einem wegen seiner Walzenform ins Auge. Daraus lassen sich bei den Hühnerrassen drei Haupttypen unterscheiden:

1. Malaien- oder Kampfhuhntyp
2. Chinesentyp
3. Landhuhntyp

Wir kennen weitere Veränderungen gegenüber der Wildform: die Vielzehigkeit (Fünfzehigkeit bei Seidenhühnern), die Vielsporigkeit und die Verkrüppelung der Schwanzwirbel. Die Muskulatur neigt zu Fetteinlagerungen. Infolge der Züchtung in Richtung hoher Leistung ist der Stoffwechsel verändert, ebenso die Stoffwechselorgane. Fleisch- und Fettleistung sind gesteigert worden. Ganz besonders hat die Fruchtbarkeit zugenommen. Eine hochgezüchtete Henne (Legehybrid) legt 300 Eier und mehr im Jahr. Das Wildhuhngelege hingegen umfaßt 10 bis 15 Eier. Die Wildhenne legt nur zur Brut Eier und dann nicht mehr. Die Fortpflanzungsaktivität der Haushühner hält das ganze Jahr über an; Wildhähne stellen diese nach kurzer Zeit ein und legen ein Ruhekleid an. Erwähnenswert ist, daß bei Haushühnern die Hirnleistung zurückgeht und dadurch gewisse Instinkthandlungen verkümmern. Die Fluchtdistanz hat abgenommen, wie auch der Aggressionstrieb. Das Balzverhalten ist verkümmert, so daß der Tretakt vielfach ohne Ankündigung ausgeführt wird.

Infolge von Liebhaberzüchtungen entwickelten sich auch Tiere, bei denen das arteigene Aussehen und das Verhalten so stark verändert wurden, daß sie nach tierschutzrechtlichen Gesichtspunkten nicht mehr zulässig waren und die Züchter Auflagen erfüllen mußten. Bedenklich ist, daß bei der Zucht in natürliche Verhaltensabläufe eingegriffen worden ist, so daß diese nicht mehr voll funktionsgerecht ausgeführt werden können. So fehlt den Araucana- oder den Kaulhühnern der Schwanz, aber nicht nur dieser, sondern auch der Schwanzwirbel und die Schwanzwurzel. Der Schwanz ist aber notwendig, damit beim Tretakt der Körper stabil gehalten werden kann.

Hühner bleiben gesund und leistungsfähig, wenn dem Fortbewegungs-, Nahrungsaufnahme-, Körperpflege-, Ruhe-, Paarungs- und Fortpflanzungsverhalten sowie der sozialen Organisation entsprochen wird, indem genügend reichstrukturierter Raum zur Verfügung steht.

Alte und gefährdete Haustierrassen

Wer durch die Haltung alter und gefährdeter Hühnerrassen zu deren Fortbestand beitragen möchte, kommt nicht umhin, sich mit dem Begriff „Rassen" auseinanderzusetzen und sich zunächst in der Theorie auch mit der Vererbung und der Zucht zu beschäftigen.

Während der Zoologe sich weniger mit dem Begriff der Rasse befaßt, ist er für den Tierzüchter aus

---

Appenzeller Spitzhauben sind ideal an die Bedingungen im Gebirge angepaßt, steigen vorzüglich auf felsigem Grund und können gut fliegen. Gerne übernachten sie auf Bäumen – sogar im Winter. Ein großzügig dimensionierter Auslauf von 10 bis 15 m² pro Tier ist erstrebenswert.

seinem Vokabular nicht wegzudenken. Man bezeichnet damit Tiere einer Art mit gleichen Erbanlagen, die sich aufgrund dieser Anlagen zu einer Population zusammenfassen lassen. Durch Selektion in eine bestimmte Richtung und isolierte Vermehrung bilden sich spezifische Rassen heraus, die sich vom Rest der Art unterscheiden. Rassen (Unterarten), mit sich selbst, aber auch mit anderen gepaart, bleiben fruchtbar. Paarungen innerhalb der Art, bei denen die Erbanlagen übereinstimmen, führen auf jeden Fall zu vitalen, fruchtbaren Nachkommen. Paart sich eine Art mit einer anderen, was durchaus möglich ist, sind die Nachkommen unfruchtbar und nur beschränkt lebensfähig.

Aus den Naturrassen, den Unterarten von einer der vier Wildhuhnarten, nämlich des Roten Kammhuhns, sind die Landrassen hervorgegangen. Sie waren ideal an Klima, Futtermöglichkeiten, Umgebung und Abwehr gegen Krankheitserreger angepaßt – für den Züchter wegen ihrer breitangelegten Erbanlagen die idealen Ausgangspartner. J. Nissen charakterisiert sie wie folgt: „Sie zeichnen sich aus durch Breite der Reaktionsfähigkeit, durch vielseitige Leistungsgrundlagen, Erbanlagenvielfalt, Unspezialisiertheit, Erhalt der natürlichen Instinkte und große Modellierbarkeit in der Hand des Züchters. Es handelt sich um Tiere der größeren Anpassung, sie haben einen geringeren Nährstoff- und Wasserbedarf als die Intensivrassen, sind in ihren Futter- und Haltungsansprüchen extensiv, haben einen geringeren Energieumsatz und sind weniger empfindlich für Klimaschwankungen und Mangelsituationen. Ihre Futterverwertung ist meist besser als die der

Züchtungsrassen. Landrassen sind eifrige Futtersucher und Fresser. Sie pflegen Notzeiten, vor allem futter- und wasserarme Zeiten, besser zu überstehen.

Die Haustierzucht hat sich die von der Natur vorselektierten Rassen häufig zunutze gemacht und weiterentwickelt. Die Erbanlagen derartiger, aufgrund der natürlichen Auslese entstandenen Rassen sind oft durch die ganze Entstehungsgeschichte einer Kulturrasse spürbar und zu verfolgen. Die Natur- und Landrassen stellen ein Reservoir für Erbanlagen dar, die in manchen Leistungsrassen durch Spezialisierung verlorengegangen sind, und können zu deren Regeneration beitragen."

Die heutige Zucht sollte primär nicht die Erschaffung neuer Hühnerrassen zum Ziel haben, sondern den Erhalt dieser seltenen Rassen. Gelernt werden muß die Beherrschung des Zuchtverfahrens, der geschulte Blick bei der Auswahl der Zuchttiere. Das Gebiet der Vererbung und Zucht ist aufgrund der Erkenntnisse von Gregor Mendel, der die Vererbungslehre in der zweiten Hälfte des 19. Jahrhunderts begründet hat, nicht einfacher geworden. Ganz im Gegenteil. Begriffe wie Inzucht und Inzestzucht, Ausmerzung der Minusvarianten, Zuchtbuchführung, Zuchtauslese, Reinerbigkeit, Mutation, Rückkreuzung, Geschwisterpaarung etc. sollte man nicht nur verstehen, man muß sie auch anwenden können.

Dem Verlust genetischer Vielfalt muß gezielt entgegengewirkt werden. Das geschieht am besten durch entsprechende Zuchtprogramme in Erhaltungszuchten. Ein anderer Weg, eine Rasse zu erhalten, ist – es mag banal klingen –, sich Tiere dieser Rasse anzuschaffen und diese immer wieder weiträumig auszutauschen.

Es gilt, auf die besonderen Leistungen der einzelnen Rassen aufmerksam zu machen, auf ihre optische Attraktivität, ihren kulturhistorischen Wert oder aber auch auf ökonomische Vorteile unter spezifischen Bedingungen. Die Neubelebung der alten, gefährdeten Rassen ist unter anderem Ziel dieses Buches. Nachfolgend sind die auf der roten Liste und in der Liste der GEH aufgeführten Rassen näher beschrieben.

Altsteirer

Das Altsteirer Huhn ist ein bodenständiges, altbewährtes steirisches Landhuhn. Vom Typ her ist es ein mitteleuropäisches Landhuhn, das ausgesprochen wetterfest und widerstandsfähig ist. Es ist ein beweglicher und emsiger Futtersucher, der einen freien Auslauf benötigt. Dabei ist das Huhn sehr anspruchslos und genügsam. Es besitzt eine außergewöhnliche Flugkraft.

Die Altsteirer kommen in den Farbschlägen Weiß und Wildbraun vor. Auffallendes Merkmal sind die weißen, unbefiederten, vierzehigen Läufe. Ein weiteres besonderes Rassenmerkmal ist der Federschopf, bei den Altsteirer Hennen der typische Wickelkamm. Bei guten Haltungsbedingungen mit viel Auslauf legen sie zwischen 180 und 200 Eier im Jahr. Ein Bruttrieb ist kaum vorhanden, doch die Eier sind ausgesprochen kunstbrutfest.

Appenzeller Barthühner

Aus rebhuhnfarbigen Italienern und Barthühnern mit Rosenkamm entstanden etwa ab Mitte der sechziger Jahre des 19. Jahrhunderts im Schweizer Kanton Appenzell rebhuhnfarbige, rosenkämmige Barthühner. Man gab ihnen den Namen Appenzeller Barthühner. Der Bart verdeckt die empfindlichen Stellen des Huhnes: Kehllappen und Ohrscheiben. Dadurch ist es, auch wegen des kleinen Rosenkammes, bestens gegen die Kälte gewappnet und an das rauhe Gebirgsklima des Appenzeller Vorlandes angepaßt.

Es ist leicht und temperamentvoll, mittelhoch und hat kräftige Flügel. Die Henne wiegt zwischen 1,6 und 1,8 kg; der Hahn bringt es auf bis zu 2,3 kg. Die Jahres-Eierleistung liegt im ersten Jahr bei 150 weißschaligen Eiern. Der Bruttrieb ist mäßig.

Die Appenzeller Barthühner werden in den Farben Schwarz-Blau-Gesäumt und Rebhuhnfarbig gezüchtet.

Appenzeller Spitzhauben

Die Appenzeller Spitzhauben gehören zu den leichten Rassen. Die Hennen wiegen meist nur wenig über 1 kg, Hähne über 1,5 kg. Sie wurden vor Jahrhunderten im Schweizer Kanton Appenzell aus alten Haubenhuhnschlägen erzüchtet.

Die Tiere sind temperamentvoll, äußerst bewegungsfreudig und wirken stolz. In Anpassung an die Bedingungen in der Gebirgsgegend hat sich ein Hühnerschlag entwickelt, der sich nicht nur in steilem Gelände vorzüglich fortbewegt, sondern auch fliegend zu Tal streicht, so daß der Eindruck eines Wildhuhns erweckt wird. Da sie gerne fliegen, brauchen sie einen größeren Auslauf und eine relativ hohe Umzäunung. Selbst im Winter können sie auf Bäumen übernachten, ohne bei Frost Schaden zu nehmen.

Die Henne hat einen schwach ausgebildeten Bruttrieb und legt im ersten Jahr ca. 150 weißschalige Eier. Die Appenzeller Spitzhauben gibt es in verschiedenen Farbschlägen wie Silber-Schwarz-Getupft, Gold-Schwarz-Getupft, Schwarz, Blau.

Augsburger

Die Augsburger Hühner gehören zu den mittelschweren Landhuhnrassen. Die Hennen wiegen zwischen 2 und 2,5 kg; die Hähne bringen es auf bis zu 3 kg. Die Tiere werden hauptsächlich in der Gegend um Augsburg gehalten und wurden um 1870 aus einer Kreuzung von La Flèche und schwarzen, schwarzläufigen Lamotta erzüchtet.

Das mittelhoch gestellte Huhn trägt einen formvollendeten Kronen- oder Becherkamm. Der Rumpf ist kräftig und der Bauch schön gerundet.

Die Augsburger Hühner werden in den Farbschlägen Schwarz und Blau-Gesäumt gezüchtet. Die Henne legt im Jahr 180 weißschalige Eier. Die Rasse gilt als extrem gefährdet.

Bergische Kräher

Die Heimat der Kräher ist das Bergische Land in Nordrhein-Westfalen. Es ist die älteste deutsche Hühnerrasse, sie hat ihren Ursprung im vorderasiatischen Raum. Der Hahn zeichnet sich durch einen langgezogenen, eigenartigen Krähruf aus, der sonor ist und sich angenehm anhört. Allerdings kräht er nicht sehr häufig, denn der langgezogene Ruf ist sehr anstrengend für ihn. Ärger mit dem Nachbarn wegen des Krähens der Hähne wird man daher kaum haben.

Die Form der Bergischen Kräher zeigt die bekannte Dreibogenlinie. Den ersten Bogen bildet der Hals, den zweiten der gewölbte Rücken und den dritten der reich mit langen Sicheln besetzte Schwanz.

Im ersten Jahr legen die Hennen 150 Eier. Ein Bruttrieb ist nicht vorhanden. Die Rasse ist extrem gefährdet.

Bergische Schlotterkämme

Die Bergischen Schlotterkämme zählen ebenso wie die Bergischen Kräher und die Krüper zu den ältesten deutschen Hühnerrassen. Ursprünglich wurden sie nur in dem relativ kleinen Gebiet der alten Grafschaft Berg im Tal der Wupper gezüchtet. „Der große Geflügelstandard in Farbe", Ausgabe 2000, beschreibt die Rasse folgendermaßen:

„Ein derbes, mittelgroßes, wetterfestes Nutzhuhn mit gedrungenem Körper, gut ausgeprägtem Bauch und einem zur Seite schlotternden, einfachen Kamm. Gutes Fleisch- und Legehuhn. Die Henne erreicht ein Gewicht von 1,75 bis 2,25 kg, währenddessen der Hahn 2 bis 2,75 kg schwer wird."

Die Henne legt im ersten Jahr 180, im zweiten Jahr 160 reinweiße Eier. Leider brütet sie so gut wie nicht.

Die Bergischen Schlotterkämme werden in verschiedenen Farbschlägen gezüchtet. Die Rasse ist extrem gefährdet.

Brakel

Im vorletzten Jahrhundert war die Brakel das bodenständige Landhuhn der deutschstämmigen Bevölkerung in Flandern. Man zählt sie zu den ältesten Hühnerrassen Europas, darüber hinaus auch zu den deutschen Hühnerrassen. Paul Kästner beschrieb sie 1922 in „Deutsche Hühnerrassen" als genügsam und anspruchslos bei der Nahrungsaufnahme. Es handelt sich um ein gutes Legehuhn, das im Jahr durchschnittlich 200 weiße Eier legt.

Brakelhühner sind keine eigentlichen Winterleger. Sie überzeugen durch ihr lebhaftes, munteres und zutrauliches Wesen und zeichnen sich durch besondere Wetterfestigkeit aus. Krankheiten erwachsener Tiere sind daher selten.

Die Brakel gehören auch zu den „Nichtbrütern". Sie sind vorzügliche Lege- bzw. Wirtschaftshühner, schnellwüchsig, frühreif, fleißige Futtersucher, gute Futterverwerter. Sie zählen zu den mittelschweren Landhühnern, die in den Farbschlägen Silber und Gold vorkommen.

Deutsche Lachshühner

Das Lachshuhn ist zunächst aus dem französischen Faverolleshuhn hervorgegangen, durch Kreuzung von Brahma, Dorking und Houdan oder Montes. Durch Umzüchtung ist daraus eine eigene deutsche Rasse geworden. Bruno Düringen beschreibt sie wie folgt: „Mittelschwerer, länglich-viereckiger, doch in seinen Formen abgerundeter, breiter und tief gebauter, vollfleischiger Körper, mit sehr entwickelter, tief herabhängender Brust, langem waagrechtem Rücken ohne aufsteigendes Sattelkissen, kurzem, vollem Schwanz, voller Backen- und Kinnbart, niedriger einfacher Kamm und ziemlich kurze Beine mit weißlichen, schwach befiederten Läufen und fünf Zehen. Die Färbung des Hahnes im allgemeinen glänzend schwarz mit weißem Hals- und Sattelbehang und weißen Schultern. Das Gewicht schwankt zwischen 4–5 kg.

Die Henne ist oberseitig bräunlichrot oder ‚lachsfarbig‘, unten weißgelb oder chamois, der Halsbehang dunkelbraunrot mit weißlichen Säumen und der Schwanz braun und schwarz. Hennen erreichen 2,5 bis 3,25 kg. Sie legen 160 hellgelbe bis braune Eier. Der Brutbetrieb der Hennen ist eher gering. Extrem gefährdet.“

Deutsche Reichshühner

„Der große Geflügelstandard in Farbe“ aus dem Jahre 2000 beschreibt die Rasse wie folgt: „Das Deutsche Reichshuhn ist ein Zwiehuhn und eine urdeutsche Züchtung; ein frühreifes, wetterhartes Zwiehuhn mit guter Legeleistung und zartem, weichem Fleisch. Stolze Haltung, zutraulich, schnellwüchsig und guter Futtersucher.

Der Hahn wiegt zwischen 2,5 und 3,5 kg, hat einen mittelgroßen Kopf. Der Schnabel ist mittellang und die Augen groß, rot bis orangerot gefärbt. Ein mittelgroßer, feingeperlter, gut gewölbter Rosenkamm, der Dorn der Nackenlinie folgend, ohne aufzuliegen, ist ein charakteristisches Merkmal. Die Brust ist breit, voll und tief, gut gerundet und wird etwas nach vorn getragen. Der Rumpf ist walzenförmig, im Seitenprofil hat er eine gestreckte Rechteckform. Die Flügel sind an der Unterlinie waagrecht. Die Henne wiegt 2 bis 2,5 kg und bringt es im 1. Jahr auf 180 und im 2. Jahr auf 140 rahmgelbschalige Eier. Ihr Bruttrieb ist mäßig.“

Deutsche Reichshühner gibt es in den Farbschlägen Weiß, Hell, Gelb-Columbia, Gestreift, Rot, Schwarz, Silber-Schwarz-Gesäumt, Gold-Schwarz-Gesäumt, Birkenfarbig. Sie gelten als gefährdet.

Deutsche Sperber

Die Heimatgebiete des Deutschen Sperber-
huhnes sind das Rheinland und Thüringen.
Zunächst hieß das Tier „Gesperberte Minorka".
Nach Antrag der Züchter auf Namensänderung
und Aufnahme unter die deutschen Rassen beim
Bund Deutscher Geflügelzüchter (BDG) wurde
die Namensänderung in „Deutsche Sperber"
genehmigt. Sie tun sich als fleißige Eierleger
hervor (200 bis 230 weißschalige Eier im Jahr).
Ihr Bruttrieb ist sehr gering. Kenner schätzen das
weiße Fleisch, das von guter Qualität ist. Trotz
ihres lebhaften Wesens sind sie keine „Flieger".
Sie sind nicht scheu, sondern sehr zutraulich.
Die hübsche Sperberzeichnung, die gefällige Form und die stolze Haltung geben den Tieren ein
schönes Aussehen.

Die Hähne haben einen mittelgroßen, einfachen und nicht zu tief gezackten Kamm mit 4 bis
6 Zacken. Sie wiegen zwischen 2,5 und 3 kg, während die Hennen ein Gewicht von 2 bis 2,5 kg
erreichen.

Bei den Deutschen Sperbern kennt man nur den gesperberten Farbschlag. Sie sind extrem
gefährdet.

Krüper

Die Krüper zählen ebenfalls zu den gefährdeten
Hühnerrassen. Wie alle anderen kurzbeinigen
Rassen benötigen sie wenig Auslauf und sind
daher für alle Hühnerhalter mit kleinem Garten
geeignet. Sie fliegen nicht über den Zaun, selbst
recht niedrige Zäune überwinden sie nicht. Das
kurzbeinige Landhuhn Nordwestdeutschlands,
„Krüper" (= Kriecher) genannt, war früher einmal
das Huhn des kleinen Mannes. Er konnte dieses
halten, da es wegen seines begrenzten Aktions-
radius nicht bis in herrschaftliche Bereiche vor-
dringen konnte, um dort zu scharren.

Krüper haben ein zutrauliches Wesen, sind aber dennoch temperamentvoll und lebhaft. Die stattliche
Henne mit ihren kurzen Läufen, die 1,5 bis 2 kg wiegt, legt zwischen 120 und 150 weißschalige Eier.
Leider hat auch sie nur einen schwachen Bruttrieb. Der Hahn erreicht ein Gewicht von 1,75 bis
2,25 kg.

Krüper zeichnen sich durch die typischen Eigenschaften alter Landhuhnrassen aus. Sie sind robust
und widerstandsfähig. Es gibt sie in verschiedenen Farbschlägen. Sie sind extrem gefährdet.

Lakenfelder

Diese schön gefärbte deutsche Landhuhnrasse in weißer Grundfärbung mit schwarzem Halsbehang und schwarzem Schwanz gibt es seit nahezu 200 Jahren. Als ihre Heimat wird das Gebiet von Westfalen genannt, wo sie besonders um 1840 häufig gezüchtet worden ist. Lakenfelder brauchen einen großen Auslauf, damit sie ihren Trieb als eifrige und unermüdliche Futtersucher voll befriedigen können. Die Jahres-Eierleistung beträgt ca. 200 weißschalige Eier, daher kann man sie durchaus als Nutzrasse bezeichnen.

Die Lakenfelder sind mittelgroß, robust und temperamentvoll. Sie liefern zwar wenig Fleisch, dieses ist jedoch um so schmackhafter. Unbestritten ist, daß sie zu den schönsten Landhuhnrassen gehören.

Die Henne wird 1,25 bis 1,75 kg schwer, der Hahn 1,75 bis 2,25 kg.

Man würde sich mehr Liebhaber wünschen, da die Lakenfelder als „stark gefährdet" in der roten Liste bedrohter Nutztierrassen in Deutschland geführt werden.

Niederrheiner

Im „Großen Geflügelstandard in Farbe" (2000) ist zu lesen, daß diese Rasse erst im Jahre 1943 in Deutschland anerkannt wurde. Als Ausgangshuhn für weitere Züchtungen wurden Ende der zwanziger Jahre die „Nordholländischen Blauen" verwendet, wodurch praktisch eine neue Rasse entstand.

Sie diente nicht nur, wie in Holland, hauptsächlich Mastzwecken, sondern brachte auch einen hohen Eierertrag. 180 gelbe bis hellbraune Eier sind keine Seltenheit. Leider ist auch bei diesen Tieren der Bruttrieb gering. Sie sind übermittelgroß, dabei jedoch sehr beweglich, und von einem ruhigen, zahmen Wesen.

Die Hennen wiegen 2,5 bis 3 kg, der Hahn 3,5 bis 4 kg. Niederrheiner sind für jeden Garten geeignet, da sie als schlechte Flieger gelten. Fünf Farbschläge sind anerkannt; besonders schön sind die birkenfarbigen Tiere.

Ostfriesische Möwen

Eine Zierde für jeden Hof und Garten sind die Ostfriesischen Möwen mit ihrer reinen, klaren Zeichnung und ihrem lebhaften, munteren Wesen. Ernst Rübenstrunck jun. meint in seinem Buch „Deutsche Hühnerrassen" aus dem Jahr 1922: „Das Silbermöwenhuhn gehört zweifellos zu den ältesten, urdeutschen Rassen, welche wir haben. Schon Anfang des vorigen Jahrhunderts (1800) ist es in Norddeutschland anzutreffen. Für den Landwirt ist dieses Huhn wie geschaffen, ein Legehuhn, wie wir es uns nicht besser denken können. Das Möwenhuhn legt über 200 mittelgroße Eier im Jahr, wächst schnell heran und liefert feinfaseriges, saftiges Fleisch. Dagegen brütet es wenig, schreitet es aber zur Brut, dann ist es eine vorzügliche Führerin." Der Hahn wiegt zwischen 2,25 und 3 kg, während die Henne ein Gewicht von 1,75 bis 2,5 kg erreicht.

Bei dieser Rasse handelt es sich um ein schlichtes, mittelhoch gestelltes, nicht zu plump wirkendes, robustes, aber sehr bewegliches Landhuhn mit lebhaften und ziemlich großen rotgelben bis rotbraunen Augen. Ostfriesische Möwen sind in den Farbschlägen Silber und Gold anerkannt. Sie sind als „gefährdet" in der roten Liste aufgeführt.

Ramelsloher

„Die Ramelsloher sind eine temperamentvolle Rasse", meint Mathias Vogt in einer Veröffentlichung der GEH über gefährdete Geflügelrassen, „die während der Jugendentwicklung zum Fliegen neigt, wie dies bei allen alten deutschen Rassen typisch ist. Sie werden gegenüber dem Halter und Züchter aber sehr zutraulich. Sie sind anspruchslos und bei Auslauf auch fleißige Futtersucher. Die relativ gute Legeleistung (Winterleger) und der rassetypische Fleischansatz kennzeichnen die Ramelsloher als interessante und empfehlenswerte Zweinutzungsrasse des norddeutschen Raumes. Die Ramelsloher stehen mittelhoch, der Hahn etwas höher. Die schieferblaue Lauffarbe und die weißen Zehennägel – der kräftige Schnabel ist markant blau getönt mit heller Spitze – sind charakteristisch für die Ramelsloher."

Es handelt sich um ein großes, kräftiges Landhuhn mit gestrecktem, walzenförmigem Körper und mittelhohem Stehkamm. Die Henne bringt es auf ein Gewicht von 2 bis 2,5 kg; der Hahn wiegt 2,5 bis 3 kg. Der Bruttrieb ist schwach vorhanden. Die Hühner werden in zwei Farbschlägen, Weiß und Gelb, gezüchtet. Da sie extrem gefährdet sind, sind zu ihrer Erhaltung weitere Züchter erforderlich.

Sachsenhühner

Die heutigen Sachsenhühner sind eine Kreuzung von Schwarzen Minorka und Schwarzen Langschan. Züchtungsziel war damals, vor über 100 Jahren, ein robustes Landhuhn, das an das rauhe Klima des Erzgebirges angepaßt war. Der große Kamm der Minorkas mußte verkleinert werden, damit der Frost ihm wenig anhaben konnte. Eine erste eigenständige sächsische Hühnerrasse sollte geschaffen werden, was auch gelang. Aber der Zweite Weltkrieg und die Folgejahre ließen sie fast in Vergessenheit geraten. Heute gelten die Sachsenhühner als extrem gefährdet.

Sie zeichnen sich durch leichte Aufzucht, Unempfindlichkeit gegenüber Klimaschwankungen und eifrige Futtersuche aus. Die Brutlust ist wenig entwickelt. Man kennt sie in den Farben Schwarz, Weiß, Gesperbert und Gelb.

Der Hahn wird bis 3 kg schwer, die Henne erlangt ein Gewicht von 2,5 kg. Mit einer Jahres-Eierleistung von 180 hellgelben bis hellbraunen Eiern ist das Sachsenhuhn ein ausgesprochenes Nutzhuhn.

Schweizer Hühner

Albert Weiss aus Amriswil schuf im Jahr 1908 durch Kreuzung von weißen Orpingtons und Wyandotten das Schweizer Huhn. Es gab danach viele Züchter, die an den Tieren Interesse fanden. In Vergessenheit geriet die Rasse nach dem Zweiten Weltkrieg im Zuge der Umorientierung der Landwirtschaft.

Der 1919 gegründete Zuchtverein hatte im Jahre 1971 nur noch sechs Mitglieder. Pro Specie Rara nahm sich 1991 dieser Rasse an und konnte so manchen Hühnerhalter überzeugen, sich wieder, auf der Basis weniger noch vorhandener Zuchtlinien, mit der Zucht des Schweizer Huhns zu beschäftigen.

Es zeichnet sich durch ein volles, reinweißes Gefieder und eine stattliche Erscheinung aus. Charakteristisch ist der dunkelrote Rosenkamm.

Beide Geschlechter haben einen kräftigen Körper. Der Hahn wiegt bis zu 3 kg, die Henne zwischen 2 und 2,5 kg. Das Schweizer Huhn ist ein typisches Zweinutzungshuhn mit hoher Legeleistung und gutem Fleischansatz.

Sulmtaler

Wie das Altsteirer Huhn ist auch das Sulmtaler Huhn Nachfahre des einstigen steirischen Landhuhns. Als Heimat wird die Südweststeiermark genannt. Dort wurde viel Maisanbau betrieben, wodurch sich eine schwere Mastrasse herausbildete, die wegen ihrer ausgezeichneten Qualität Weltruf erlangte. Die Sulmtaler entwickelten sich daraus ab 1900 zu einer eigenen Rasse. Es entstand ein wetterhartes, ruhiges, genügsames Zwiehuhn mit zartem, weißem Fleisch, frohwüchsig, als sehr guter Futterverwerter leicht mästbar.

Den Kopf des Hahnes ziert ein kleiner Federschopf. Der einfache und aufrechte Kamm ist etwa mittelgroß und wird nach hinten ansteigend getragen. Die glatten und relativ kurzen Läufe sind gut befleischt und tragen ein Gewicht von 2,5 bis 4 kg.

Die Sulmtaler Henne hat einen feingezahnten Kamm, der als Wickelkamm gezüchtet wird. Der halbrunde Schopf ist größer als beim Hahn, soll aber die Sicht nicht behindern. Sie legt bis zu 160 rahmfarbige bis hellbraune Eier. Der Bruttrieb ist gering. Sulmtaler gibt es in den Farben Weizenfarbig und Weiß. Die Rasse wird als bedroht eingestuft.

Sundheimer Hühner

Im „Hanauer Landwirt" vom 9. Mai 1925 wird berichtet: „Das Sundheimer Huhn ist das Ergebnis verschiedener, zeitlich aneinanderfolgender Kreuzungen. Es wurde in Sundheim, Kreis Kehl am Rhein, herausgezüchtet. Zunächst züchtete man es als reines Fleischhuhn; später achtete man noch auf die Legeleistung."

Ernst Rübenstrunck beschrieb 1922 das Sundheimer Huhn wie folgt: „Unter den schweren Rassen gehört dieses Masthuhn zu den besseren Legern. Mit 7 bis 8 Monaten ist es legereif und legt dann fleißig bis zu 150 braunschalige Eier. Es wird früh brütend, auch in der kalten Jahreszeit. Das ruhige, zutrauliche Temperament des Huhnes hat nicht nur den Vorteil, daß es auf bescheidenem Raume gehalten werden kann, sondern gibt auch Gewähr für eine gute Brüterin und Führerin der Kleinen. Der Hahn hat ein Gewicht bis zu 3,5 kg; die Henne bringt es auf bis 2,5 kg."

Als Nichtflieger können die Sundheimer in jedem Garten leicht gehalten werden. Sie strahlen Ruhe und Eleganz aus. Die Rasse gilt als stark gefährdet.

Thüringer Barthühner

Im „Großen Geflügelstandard in Farbe" aus dem Jahre 2000 wird das Thüringer Barthuhn wie folgt beschrieben: „Es ist ein mittelgroßes, lebhaftes und keckes Huhn von edler Landhuhnform, das durch einen relativ kleinen Kamm und geringe Ausbildung der Kehllappen auffällt, die, wie auch die Ohrscheiben, von einem sehr vollen, länglich-runden Federbart verdeckt sind. Wetterfest und gute Legeleistung bei sparsamstem Futterverbrauch, weil eifrige Futtersucher und Scharrer; besonders für rauhe Gegenden geeignet. Durch seine elegante Form und die Federstruktur des Kopfes soll es seinem Halter viele Reize bilden." Seine Heimat ist der Thüringer Wald. Es gehört mit zu den ältesten Landhuhnschlägen. Leider ist seine Brutlust nicht stark ausgeprägt.

Das Thüringer Barthuhn wird als leichte Rasse wegen seiner Schönheit, aber auch wegen der Eier gehalten, von denen es mindestens 150 reinweiße legt. Es ist ein vitales und wetterfestes Huhn, das in zahlreichen Farbschlägen gezüchtet wird. Besonders auffallend sind die Halskrause und der Bart als Hauptrassenmerkmale. Die rote Liste führt die Thüringer Barthühner in der Kategorie „Zur Bestandbeobachtung".

Vorwerkhühner

Oskar Vorwerk aus Othmarschen bei Hamburg gilt als Begründer dieser Rasse. Er hat im Jahre 1902 mit der Zucht der Hühner begonnen, die für Bauernhöfe, Güter und Siedlungen gut geeignet schienen. Sein Ziel war, ein mittelschweres, ausgesprochen wirtschaftliches Zwiehuhn in der Landhuhnform zu erzüchten, kräftig und gedrungen, mehr tief- als hochgestellt, mit einzigartiger, gleicher Züchtung beider Geschlechter.

Auffallend bei dieser Rasse ist, daß sich Hähne untereinander gut vertragen. Günstig für kleine Ausläufe in Dörfern und Städten ist, daß Vorwerkhühner nicht fliegen. Leider brüten sie so gut wie gar nicht. Da sie gerne das Futter selbst suchen, braucht wenig hinzugefüttert zu werden. Es ist die ideale Rasse für ökologisch bewirtschaftete Bauernhöfe.

Der schwarze Kopf, der schwarze Schwanz sowie der tiefgelbe Rumpf geben den Hennen und Hähnen ihr charakteristisches Aussehen. Die Henne legt 150 gelbliche Eier und kann bis zu 2,5 kg schwer werden, während es der Hahn auf 3 kg bringen kann. In der roten Liste ist die Rasse als gefährdet eingestuft.

Westfälische Totleger

1994 wurden die Westfälischen Totleger zur Rasse des Jahres gewählt, um auf ihren hohen Gefährdungsgrad hinzuweisen. Inzwischen hat sich die Rasse etwas erholt, da sich eine größere Zahl von Züchtern ihrer annahm. Im wesentlichen ist sie in Westfalen zu Hause. Man kannte diese Hühner schon im 18. Jahrhundert. Wegen ihrer beachtlichen Legeleistung gab man ihnen auf dem Land den Namen „Alltagsleger" (alle Tage) oder „Dauerleger". Unter dem Einfluß der plattdeutschen Sprache wurde der hochdeutsche Begriff zum „Doutleijer". Aus diesem niederdeutschen Namen wurde „Totleger". Die Ableitung daraus, daß sich die Hennen „zu Tode legen", ist nicht länger haltbar.

Die Totleger sind fleißige Legehühner und als unermüdliche Futtersucher besonders für große Ausläufe geeignet. Sie zeichnen sich durch eine wohlproportionierte Landhuhnform aus. Ein besonderes Kennzeichen ist der eher kleine, fein geperlte Rosenkamm mit dünnem, geradem oder etwas geneigtem Dorn.

Das strahlend weiße Federkleid der Henne ist beim Farbschlag Silber mit schwarzen Punkten übersät. Die Sprenkelung des Hennengefieders ist feiner ausgeprägt als beim Hahn. Die Hühner kommen in den Farben Silber und Gold vor. Die Henne legt etwa 180 Eier und wiegt 1,5 bis 2 kg, der Hahn wird 2 bis 2,5 kg schwer. Hennen können brütig werden, sofern sie artgerecht gehalten werden.

Welche Rasse?

Es liegt in Ihren Händen, ob Sie sich für eine gefährdete, lange Zeit fast schon vergessene Hühnerrasse entscheiden. Allesamt sind sie wetterhart und genügsam, liefern Eier und Fleisch, sehen ansprechend aus und sind, wie alle typischen Landhühner, an das jeweilige Klima bestens angepaßt. Wer aber andere Hühner haben möchte, sollte es nicht verabsäumen, beispielsweise einen Blick in den „Großen Geflügelstandard in Farbe" (s. Literatur) zu werfen. In Anbetracht der Tatsache, daß es ca. 200 Rassen gibt, ist es sicher nicht leicht, seine Lieblingsrasse auf Anhieb auszuwählen, die allen Ansprüchen genügt und zudem noch der ganzen Familie gefällt.

Vielleicht achten Sie bei der Auswahl darauf, daß die Hennen gute Brüterinnen sind; denn es gibt für den Hühnerhalter nichts Schöneres als eine Glucke mit Küken im eigenen Garten. Empfohlen seien die mittelschweren oder schweren Rassen, unter denen sehr zuverlässige Brüterinnen zu finden sind: Australorps, Barnevelder, Lachshühner, Plymouth Rocks, Sundheimer – sie gelten als Frühbrüter –, Sussex und Vorwerkhühner. Leider sind unter diesen zuverlässigen Brüterinnen nur wenige zu finden, die zu den gefährdeten Hühnerrassen zählen. Die leichten Legerassen, so auch die reinen Wirtschaftsrassen, haben keinen bzw. nur einen sehr schwach ausgeprägten Bruttrieb.

Hühnerkrankheiten –
Verhütung und Behandlung

Nach C. Simantke kann die Tiergesundheit durch Klimaeinwirkungen, Licht, Platz und Auslauf gefördert werden. Dadurch werden die natürlichen Abwehrkräfte gestärkt. Um biologische Regelmechanismen in Gang zu setzen, sind Variationen der Umweltparameter erforderlich.

Licht

1. Spielt für physiologische Vorgänge (Vitamin-D-Haushalt) eine ganz wesentliche Rolle – daher für Tageslicht im Stall sorgen.

Eine einwandfreie Hygiene ist Voraussetzung dafür, daß Hühner gesund und leistungsfähig bleiben.

2. Regt den Stoffwechsel an; trägt zur Bildung der roten und weißen Blutkörperchen bei und beeinflußt über hormonelle Regelungen Wachstum und Fruchtbarkeit. Größe und Farbe der Kämme stehen damit im Zusammenhang (kleine, straffe und rote Kämme bei Auslaufhaltung; große, hellrote, weißliche und schlaffe Kämme bei wenig Tageslicht).
3. Löst bestimmte Verhaltensweisen aus (Sonnenbaden, Putzen).
4. Zunehmende Tageslichtlänge veranlaßt die Hennen zur vermehrten Eiablage und zur Brut. Bei abnehmender Tageslichtlänge zurückgehende Legetätigkeit.

Starke Sonneneinstrahlung im Sommer sollte durch lichtdurchlässige Verhängung der Fenster, z. B. mit Bastmatten, verhindert werden. Im Winter soll das Sonnenlicht ungehindert in den Stall gelangen. Kein Neonlicht verwenden, da diese Lichtquelle zu unruhig ist und eventuell Federpicken begünstigt.

Für den Stall sollte das Verhältnis Fensterfläche zur Bodenfläche zumindest 1:10 bis 1:15 betragen. Kunstlicht sollte mindestens eine Leistung von 3 bis 4 Watt pro Quadratmeter Stallgrundfläche haben.

Klima

Schwankende Werte sind für die Gesunderhaltung und die Widerstandsfähigkeit positiv zu beurteilen.

1. Temperaturtoleranz von 0 bis 30 °C; Idealtemperatur von 12 bis 22 °C. Relative Luftfeuchtigkeit: 40 bis 90 %.
2. Genügend Frischluftzufuhr stellt sicher, daß schädliche Gase vom Stall ins Freie gelangen. Hohe Ammoniakkonzentrationen schädigen die Bindegewebe der Hühneraugen, führen zum Rückgang der Legetätigkeit und schwächen die Abwehrkräfte.
3. Staub, im Zusammenhang mit Ammoniak (NH_3), belastet Hennen und Hühnerhalter stark.
4. Regelmäßige Kotentfernung, gute Lüftung und niedrige Temperaturen garantieren ein gutes Stallklima!

Die Richtlinien ökologischer Verbände sollten unbedingt auch bei der privaten Hühnerhaltung ihre Anwendung finden. Sie fordern für die Gesundheit von Hühnern: geeignete Haltung, Fütterung und Zucht; kein Medikamenteneinsatz, sondern Verhütung von Krankheiten durch Stärkung der körpereigenen Abwehrkräfte durch freien Auslauf; weiters Hygienemaßnahmen (Reinigung und Desinfektion).

Bei der Haltung von Geflügel ist besonders darauf zu achten, daß der Ausbruch von Krankheiten und Seuchen verhindert wird. Es wird nicht die Prophylaxe durch Medikamentierung des Futters angestrebt, sondern durch Einhaltung der artgerechten Haltungsbedingungen.

Zuallererst müssen der Stall und der Auslauf den hygienischen Anforderungen entsprechen. Täglich müssen die Futter- und Trinkgefäße gereinigt werden. Auch frisches Wasser sollte jeden Tag bereitgestellt werden. Flächen, auf denen die Hühner vermehrt ihren Kot ablassen und herumpicken, sind regelmäßig zu säubern.

Dazu gehört, daß auch die Sitzstangen immer wieder gründlich gereinigt und die Legenester überprüft werden, ob sie feucht oder verschmutzt sind. Bei Bedarf muß das Nistmaterial erneuert werden.

Die Möglichkeit, daß die Tiere mit dem Kot in Kontakt kommen, muß auf ein Minimum reduziert werden. Auch aus dem Garten sollte der Kot, zumindest auf häufig begangenen Wegen, entfernt werden. Der Scharraum muß immer trocken sein. Im Zweifelsfall sollte man lieber einmal zuviel gehäckseltes Stroh nachstreuen als zuwenig. Eingetrockneter Schmutz wird mit Wasser eingeweicht. Ist er dennoch nicht zu entfernen, kann auch etwas biologisch abbaubares Spülmittel verwendet werden.

Es ist nicht ratsam, aus der Apotheke das billigste Insektenvernichtungsmittel zu holen und es wahllos in alle Ecken zu sprayen. Die chemische Keule sollte für den Hühnerstall tabu sein. Wenn überhaupt, dann sollte man nur Desinfektionsmittel auf natürlicher Basis einsetzen, die biologisch abbaubar sind. Geschnittene Zwiebel- und Knoblauchstücke, in Wasser eingeweicht, schützen vor so mancher Krankheit. Sie können auch über das Futter verabreicht werden.

Folgende umweltverträgliche Reinigungs- und Desinfektionsmittel werden von Organisationen für biologischen Landbau empfohlen: Alkohol, Ameisensäure, Ätzkali, Ätznatron, Branntkalk, Essigsäure, Kali- und Natronseife, Kalk, Kalkmilch, Milchsäure, Natriumcarbonat, Oxalsäure, Peressigsäure, natürliche Pflanzenessenzen, Wasser und Dampf, Wasserstoffperoxid und Zitronensäure. Allerdings ist kein Desinfektionsmittel gegen alle Formen von Krankheitserregern wirksam.

Zur Desinfektion empfiehlt sich bei kleinen Stallungen auch eine Lötlampe. Bei vorsichtigem, aber gründlichem Einsatz ist es möglich, alle Krankheitserreger sicher abzutöten.

Desinfektionsmaßnahmen in Ausläufen versprechen wenig Erfolg. Krankheitserreger und Dauerformen der Parasiten werden in tieferen Schichten nicht erreicht. Nur das tiefe Ausheben der Bodenschicht ist in dieser Hinsicht von Nutzen. Umgraben und Neuaussaat ist auch ein Weg, die Hühner vor Krankheiten zu schützen.

Sonnenlicht und Trockenheit sind die besten Garanten für einen hygienisch einwandfreien Auslauf. Feuchte Stellen um die Wassertränken herum sind zu vermeiden. Krankheitserreger können auch durch die Hühner des Nachbarn, Vögel, Raubwild, Mäuse und Ratten eingeschleppt werden. Um dies zu verhindern, muß die Umzäunung dicht sein.

Nicht vergessen werden dürfen die Brutapparate. Diese sind peinlich sauber zu halten und in regelmäßigen Abständen zu desinfizieren. In der Regel sollte einmal im Jahr der Stall gründlich gereinigt und dabei desinfiziert werden. Zumindest vor dem Neubesatz sollte diese Arbeit unbedingt durchgeführt werden. Holz- und Ziegelböden sind schwieriger zu reinigen als ein Betonfußboden. Der Nachteil des Betonbodens ist aber seine verminderte Luftdurchlässigkeit, er leitet die Wärme schlecht weiter und ist im Winter sehr kalt. Je glatter die Wände, desto besser und schneller sind sie zu reinigen. In Ritzen und rauhen Wänden setzt sich mit Vorliebe Ungeziefer fest und läßt sich daraus schlecht wieder entfernen. Die Wände werden daher mit Kalkmilch geweißelt, damit sie glatt bleiben und Milben und andere Quälgeister keinen Unterschlupf finden.

Die Desinfektion wird erst vorgenommen, wenn der Stall und die Geräte trocken sind. Mit Hilfe einer Spritze oder eines Zerstäubers, aber auch mit einem Pinsel lassen sich die Desinfektionsmittel im Stall verteilen. Es ist wichtig, daß man sich vorher über die Handhabung und Dosierung der Spritzmittel erkundigt, die Gebrauchsanleitung beachtet und die Desinfektionsmittel vor Unbefugten sichert.

Immer wieder kommt es vor, daß ein Tier erkrankt. Den Grund der Krankheit wird man nicht gleich feststellen können, außer man hat sie durch Zukauf von Tieren eingeschleppt. Um dem vorzubeugen, sollte man die Küken und Junghennen aus gesunden Beständen erwerben. Es sollte Wert darauf gelegt werden, daß man beim Kauf eine Impfbescheinigung erhält, aus der hervorgeht, daß bestimmte Schutzimpfungen, wie gegen die Mareksche Krankheit, gegen Infektiöse Bronchitis, Geflügelpocken und Newcastle-Krankheit (atypische Geflügelpest), durchgeführt worden sind. Eine Bestätigung, daß der Bestand, aus dem die Hühner gekauft werden, Salmonella-pullorum-frei (Weiße Kükenruhr) ist, gibt einem die Sicherheit, daß die Tiere zumindest im Anfangsstadium gesund in den neuen Lebensraum kommen.

Behandlung

Ernährungs- und Stoffwechselstörungen, Infektionserreger, Verletzungen und Vergiftungen, Witterungseinflüsse sowie Erbfaktoren können die Ursachen von Krankheiten sein.

Hühner stellen an ihre Umgebung rassenspezifische Anforderungen. Es ist wichtig, diesen gerecht zu werden, damit sich die Tiere optimal entwickeln können. Auslauf, Fütterung und Haltung müssen auf die besonderen Eigenarten und Verhaltensweisen abgestimmt sein.

Bevor konkrete Behandlungsmöglichkeiten beschrieben werden, soll an dieser Stelle betont werden, daß es zwei Arten einer Behandlung gibt: Den Weg zum Tierarzt oder den alternativen Weg, der sich auf die Ratschläge von Organisationen für biologischen Landbau stützt und in Eigeninitiative umgesetzt werden kann. Meiner persönlichen Meinung nach ist dieser Weg, wenn möglich, vorzuziehen.

Wenn es das Beschwerdebild der Krankheit erfordert, sollte ein Tierheilpraktiker bzw. Tierarzt für naturkundliche Heilmethoden und Homöopathie zu Rate gezogen werden.

Die einzelnen Organisationen für biologischen Landbau (z. B. Bioland, Demeter ...) haben meist eigene Richtlinien für die Behandlung von Tierkrankheiten erstellt, die man direkt bei ihnen anfordern kann. Vorrangig empfehlen sie die Anwendung von Naturheilmethoden und schreiben bei unbedingt notwendigem Einsatz von Medikamenten genau einzuhaltende Wartezeiten bezüglich des Verzehrs von Fleisch und Eiern vor. Gesetzlich vorgeschriebene Impfungen sind selbstverständlich durchzuführen.

Wenn man sich bei der Behandlung erkrankter Hühner an diese Richtlinien hält, kann man mit gutem Gewissen sagen, daß man das Beste für das Tier getan hat.

Als Hühnerhalter sollte man sich im klaren sein, daß die rasche Erkennung einer Krankheit, die Beseitigung ihrer Ursachen sowie die Bekämpfung und Heilung großen Schaden abwenden können. Sich Kenntnisse über die wichtigsten Krankheiten und deren Behandlung anzueignen, ist Voraussetzung dafür, daß man entscheiden kann, ob der Tierarzt sofort gerufen werden muß oder ob man selbst mit homöopathischen oder Naturheilmitteln die Tiere behandeln kann. In ernsteren Fällen ist immer ein Tierarzt zu Rate zu ziehen. Es ist aber nicht einfach, einen auf Geflügelkrankheiten spezialisierten Arzt, und zudem noch einen, der sich in naturheilkundlichen Behandlungsmethoden auskennt, zu finden. Sicher kann ein Öko-Bauer, der selbst Hühner hält, Auskunft erteilen und einen Tierarzt empfehlen.

Kranke und verletzte Tiere sollten umgehend aus der Hühnerschar entfernt und in ein extra hergerichtetes Abteil gebracht werden. So können sie andere Artgenossen nicht infizieren. Nach ärztlicher Behandlung verbleiben sie dort bis zur völligen Genesung und werden erst dann wieder zur Herde gelassen.

Ein krankes Huhn erkennt man meist daran, daß es sich von den übrigen absondert, kaum noch frißt und trinkt oder aber nur noch bei der Futter- und der Wasserstelle steht. Häufig sitzt es mit aufgeplustertem Gefieder und hängenden Flügeln teilnahmslos irgendwo im Garten oder im Stall herum, meist an einem schattigen, dunklen Platz. Der Glanz des Gefieders ist verschwunden, die Klarheit der Augen ist getrübt. Die Atmung ist wahrnehmbar, Ausfluß aus den Augen, der Nase und dem Schnabel ist zu sehen. Vom Durchfall ist das Gefieder verschmutzt, hauptsächlich um die Kloake. Das alles sind Anzeichen für ein kränkelndes, wenn nicht sogar sehr krankes Huhn.

Oft sind solche Symptome bereits Anzeichen einer Infektion, die sich zu einer Seuche ausbreiten kann. Daher ist in solchen Fällen die Hinzuziehung des Tierarztes oder des Tiergesundheitsdienstes unausweichlich.

Trotzdem ist es empfehlenswert, sich selbst einen Überblick über die häufigsten Krankheiten und deren Heilung zu verschaffen.

Vielerlei Erkrankungen können Hühner befallen. Die einen sind ansteckend, andere, wie Vergiftungen, Stoffwechselkrankheiten und vererbte Krankheiten, nicht. Diese befallen in der Regel nur einzelne Tiere, die dann individuell behandelt werden müssen. Zur Ansteckung anderer Tiere kommt es nicht.

Infektionen, die durch Viren, Bakterien, Pilze und Parasiten ausgelöst werden, sind oftmals schwierig zu beherrschen und haben ein hohes Ansteckungsrisiko. Gegen sie gibt es unterschiedliche Schutz- und Behandlungsmöglichkeiten. Der beste Schutz ist die angeborene Unempfindlichkeit, auch Resistenz genannt. Meist bekommt man aber die Krankheit durch Immunisierung in den Griff. Dieser erworbene Schutz kommt durch Selbstheilung der Infektion, durch das Überstehen der Krankheit, durch Kontakt mit dem Erreger sowie durch Impfung zustande. Die Immunität hält aber in der Regel nicht ein Leben lang und kann daher durch eine neue Infektion (Kontakt mit dem Erreger) bzw. durch eine wiederholte Impfung (Auffrischung) wiedererlangt werden.

Die wichtigsten Krankheiten werden, nach der Ursache ihrer Entstehung, hier aufgelistet und nachfolgend genauer beschrieben:

- Embryonal bedingte Krankheiten
- Vererbte Krankheiten
- Haltungsbedingte Krankheiten
- Virusbedingte Krankheiten
- Infektionen durch Bakterien und Mykoplasmen
- Erkrankungen durch Pilze
- Erkrankungen durch Parasiten
- Stoffwechsel- und Nährstoffmangelerkrankungen
- Erkrankungen durch Vergiftungen
- Sonstige Erkrankungen

1. Embryonal bedingte Krankheiten

Wenn Infektionen nicht von außen, sondern durch die Mutter auf das Ei übertragen werden, so spricht man von endogenen Infektionen. Typhus, Tuberkulose, Geflügelpest, Weiße Kükenruhr und ähnliche bakterielle und virusartige Krankheiten können auf die im Entwicklungsstadium befindlichen Küken übertragen werden.

Anders verhält es sich bei einer exogenen Infektion. Viren und Bakterien gelangen während der Brut oder der Lagerung des Bruteies durch die Schale ins Ei. Schimmelpilze, Paratyphus und ähnliche Bakterien infizieren auf diese Art und Weise den Embryo. Es dürfte klar sein, daß einwandfreie hygienische Bedingungen das Eindringen exogener Erreger verhindern können. Grundvoraussetzung ist, daß der Stall sauber und hygienisch ist, die Glucke sowie der Nestplatz frei von Keimen sind und daß die Eier fachmännisch gelagert werden und nicht verschmutzt sind. Eine kränkelnde Glucke darf unter keinen Umständen die Brut aufnehmen.

Endogene und exogene Infektionen, die zu einer „infektiösen Embryonalerkrankung" führen, lassen sich verhindern, wenn eine optimale Fütterung gewährleistet ist, der Zuchtstamm sachgemäß gehalten und gepflegt wird und das Lebensumfeld hygienisch einwandfrei ist.

2. Vererbte Krankheiten

Krankheiten, die durch Vererbung zustande gekommen sind, können in der Regel nur durch Zucht ausgemerzt werden. Wenn nur ein einzelnes Tier davon befallen ist, darf man dieses nicht mehr zur Zucht verwenden.

3. Haltungsbedingte Krankheiten

Federfressen

Oft wird das Federfressen wie auch das Federpicken als „Untugend" bezeichnet, bei der die Hühner sich gegenseitig Federn an Hals und Schwanz herausziehen. Doch es ist mehr als nur dies. Meist wird es auf einen oder mehrere Haltungsfehler zurückgeführt.
Zu viele Tiere auf beengtem Raum, Sauerstoff- oder Kalkmangel, Mangel an bestimmten Aminosäuren, zu starke Sonneneinstrahlung, Kochsalzmangel, zu schnell sättigendes Futter, das zu Langeweile führt, und Hunger können die Auslöser sein.
Federpicken wird als Vorstufe des Zehenpickens und des Kannibalismus angesehen.

Abhilfe: Ausreichender Scharraum, weniger Licht, weniger Tiere, mehr mehlhaltiges Haferfutter und Muschelschalen, bestimmte auffällige Tiere selektieren.

Zehenpicken und Kannibalismus

Das Zehenpicken ist ebenso auf zu viele Hühner zurückzuführen. Ein zu warmer Stall, schlechte Luft, zu schnell sättigendes Futter sind weitere Ursachen. Die Rücken- und die Schwanzfedern werden herausgepickt. Die Tiere picken einander auch in den After. Dieser Kannibalismus wird hauptsächlich bei heranwachsenden, aber auch bei älteren Tieren beobachtet.

Abhilfe: Lockere und hohe Stroheinstreu; wie bei Federfressen beschrieben.

Bindehautentzündung

Zu feuchte Einstreu und zu hohe Ammoniakkonzentration sind dafür verantwortlich. Die Augen tränen, sind gerötet und sondern Schleim ab.

Abhilfe: Den Stall entmisten und auf Trockenheit der Einstreu achten. Mit zweiprozentigem Borwasser und warmem Wasser die Augen vorsichtig auswaschen.

Erfrierungen

Kämme, Ohrscheiben und Kehllappen sind davon besonders gefährdet.

Abhilfe: Bei strengem Frost die Hühner nicht ins Freie lassen. Den Stall winterfest machen. Betroffene Stellen mit Öl, Fett oder Vaseline einreiben.

Nierenversagen

Ursachen sind Wassermangel, Unterkühlung (bei Küken und Junghennen) sowie Entzündungen und Kreislaufschwäche. Häufig tritt Nierenversagen bei älteren Tieren auf. Manchmal führt es auch zum Tod.

Abhilfe: Genügend Wasser bereitstellen; im Winter warmes Wasser. Den Stall wohl temperieren.

Hitzschlag

Gestreßte Tiere sind gegen Hitze anfällig.

Abhilfe: Natürliche Hühnerhaltung.

Ballengeschwüre (Ballenabszesse)

Ursache für Verletzungen im Ballenbereich und daraus folgende Entzündungen mit Eiteransammlungen (abgekapselte Eiterherde) sind: scharfkantige, zu schmale Sitzstangen, scharfkantige Steine im Auslauf, Drähte.

Abhilfe: Behandlung durch Aufschneiden der Geschwüre und Entfernen des käseähnlichen Breis, am besten durch den Tierarzt. Mit Jod behandeln.

4. Virusbedingte Krankheiten

Ein Huhn, das von einem Virus befallen ist, kann medikamentös nicht behandelt werden. Ob es die Infektion überlebt, entscheidet sein Immunsystem. Hat es der Virusinfektion standgehalten, so ist es gegen das Virus immun geworden. Die Immunität hält vielleicht ein Leben lang. Da es keine medikamentöse Behandlungsmethode gibt, müssen spezifische Impfstoffe eingesetzt werden, die das Tier gegen den Krankheitserreger immunisieren. Zumindest werden die Tiere dann nicht mehr schwer krank und sterben.
Die Industrie hat in Zusammenarbeit mit Forschungslaboratorien Impfstoffe gegen eine Vielzahl von Viruserkrankungen bei Hühnern entwickelt. Sie hält diese leider fast nur in großen Gebinden bereit, so daß der kleine Hühnerhalter oftmals Schwierigkeiten hat, an kleine Mengen des Impfstoffes heranzukommen. Geflügelzuchtvereine, Tierärzte und der Tiergesundheitsdienst helfen sicher, an den speziellen Impfstoff zu gelangen, der entweder vom Tierarzt oder vom Halter selbst verabreicht werden kann.

Mareksche Krankheit

Sie ist eine unter Hühnerhaltern gefürchtete, ansteckende Viruserkrankung, die Jungtiere im Alter von 4 bis 5 Monaten befällt. Die Mareksche Krankheit wird auch als Geflügellähme bezeichnet. Da das Krankheitsbild aber nicht nur Lähmungen zeigt, sondern sich sehr vielfältig ausdrückt, ist diese Bezeichnung nicht ganz zutreffend.

Das Virus befällt das Nervensystem, insbesondere die Beinnerven, eher selten das Gehirn. Krankheitssymptome sind: Lähmungen der Flügel und der Beine, abgespreizte Beine, verkrampfte Zehen, Atemstörungen, gezackte Pupillenränder. Aber nicht jede Lähmungserscheinung ist ein Hinweis auf die Mareksche Krankheit, sondern auch Gicht, Vergiftungen und starker Wurmbefall können sie auslösen.

Behandlung: Wirksame vorbeugende Schutzimpfungen der Eintagsküken durch den Tierarzt oder unter dessen Aufsicht. Einhaltung der Hygiene, vor allem während der ersten 14 Tage.

Geflügelpest

Die Geflügelpest kann als klassische Geflügelpest und als atypische Geflügelpest (auch Newcastle-Krankheit oder kurz ND genannt) auftreten. Das Krankheitsbild ist in beiden Fällen ähnlich, sie werden jedoch durch unterschiedliche Viren verursacht. Bei Verdacht auf eine dieser Geflügel-seuchen ist sofort Anzeige beim zuständigen Veterinäramt zu erstatten. Der Tierarzt oder der Tiergesundheitsdienst ist zu verständigen. Bei Bestätigung des Verdachts wird der Gesamtbestand getötet und ein Sperr- und Beobachtungsgebiet eingerichtet.

Die **klassische Geflügelpest** tritt in der Regel sehr plötzlich auf. Symptome sind unkoordinierter Gang, Mattigkeit, großflächige Blutungen, struppiges Gefieder, Schwäche, grünlicher Durchfall, Atemnot, der Tod tritt schließlich durch Kreislaufversagen ein. Die Krankheit tritt sehr selten auf.

Behandlung: Vorbeugend durch Impfen.

Die **atypische Geflügelpest** (Newcastle-Krankheit, ND) wird durch ein Paramyxovirus ausgelöst und tritt in einer akuten und einer schleichenden Form auf. Zum Krankheitsbild gehören: Atemstörungen, Schläfrigkeit, Mattigkeit, grünlicher, dünnflüssiger Durchfall, Freßunlust, hohes Fieber, röchelnde Atmung, Augen- und Nasenausfluß, nervöse Symptome, Kopfverdrehen und Rückwärtslaufen, schlagartiger Abfall der Legeleistung. Der Tod tritt plötzlich ein.

Behandlung: Die Schutzimpfung in regelmäßigen Abständen ist für alle Hühner verpflichtend vorgesehen.

Leukose

Die Leukose, auch Weißblütigkeit genannt, ähnelt der Marekschen Krankheit. Überträger ist ebenso ein Virus, das mehrere Organe befällt, hauptsächlich die Leber. Übertragen wird die Leukose durch das Brutei oder durch Körperkontakt. Durchfall, Appetitlosigkeit und Abmagerung sind die Symptome. Die erkrankten Tiere sind zu töten.

Behandlung: Es gibt keine Schutzimpfung.

Geflügelpocken

Geflügelpocken treten in zwei Formen auf:

1. Hautform: Pocken an unbefiederten Hautstellen, am Kopf, an den Ohrscheiben, um die Nase und an den Kehllappen.
2. Schleimhautform (diphtheroide Form): Beläge auf der Schleimhaut des Schnabel- und Rachenbereiches. Anschwellungen können zum Erstickungstod führen.

Behandlung: Eine vorbeugende Impfung ist möglich.

Infektiöse Bronchitis (IB)

Sie ist die am häufigsten vorkommende Viruserkrankung bei Hühnern. Übertragung durch Staub- und Tröpfcheninfektion. Innerhalb kurzer Zeit ist eine Durchseuchung des gesamten Hühnervolkes möglich. Symptome: Vor allem Küken leiden an Atemnot, Niesen, gurgelnden Atemgeräuschen, struppigem Gefieder, Abmagerung. Teilmauser ist eine Sekundärerscheinung. Je kleiner die Tiere sind, desto größer ist die Wahrscheinlichkeit, daß sie sterben.

Behandlung: Antibiotika- und Vitamingabe. Vorbeugende Impfung mit Lebendimpfstoffen über das Trinkwasser.

Infektiöse Kehlkopf-Luftröhren-Entzündung (Infektiöse Laryngotracheitis / ILT)

Besonders oft werden Junghennen davon befallen, wobei sich die Luftröhre entzündet und blutiger Schleim ausgeworfen wird. Oft sterben sie durch Erstickung, infolge abgestorbener, verdickter Schleimhaut. Bis zu 50 % des Gesamtbestandes können in ein bis zwei Wochen verenden.

Behandlung: Rechtzeitige vorbeugende Impfung ist zu empfehlen. Auch Sofortimpfung bei Ausbruch der Krankheit ist möglich. Tiere, die die Krankheit überstanden haben, bleiben lebenslang immun, aber Dauerausscheider des Virus. Daher müssen alle heranwachsenden Junghennen geimpft werden.

Weitere durch Virusinfektionen übertragene Krankheiten:

Infektiöse Bursitis (Gumboro-Krankheit)

Sie macht sich durch Freßunlust, Apathie, schlechtes Wachstum, gesträubtes Gefieder und Durchfall bemerkbar.

Behandlung: Vorbeugung durch Impfung.

Aviäre Encephalomyelitis (AE) / Epidemisches Zittern

Das Virus befällt bevorzugt Gehirn und Rückenmark von Küken im Alter von ein bis zwei Wochen.
Krankheitsbild: Zentralnervöse Störungen des Bewegungsapparates, Zittern des Kopfes.
Spätfolge: Linsentrübung bis zur Blindheit.

Behandlung: Zur Vorbeugung gibt es einen Lebendimpfstoff.

Der Liebhaber-Geflügelhalter kann auch ohne allzu viele Impfungen für sein Geflügel auskommen, sofern er die beschriebenen Haltungsvorschriften auch wirklich einhält.

5. Infektionen durch Bakterien

Während es für virusbedingte Infektionen keine Arzneimittel zur Behandlung gibt, setzt man zur Behandlung einer bakteriellen Infektion Chemotherapeutika wie Antibiotika, Sulfonamide und andere Medikamente ein, die erfolgversprechend sind, sofern sie in der Akutphase der Erkrankung angewendet werden.

Geflügelcholera (Pasteurellose)

Das Bacterium avisepticum oder das Bakterium Pasteurella multocida ist der Erreger dieser in ihrer akuten Form anzeigepflichtigen Seuche, die aber kaum noch auftritt.
Unhygienische und kalte Ställe begünstigen den Ausbruch der Krankheit, die akut oder chronisch verläuft. Sie wird von Milben, Insekten und Schadnagern übertragen.

Die akute Verlaufsform drückt sich durch Mattigkeit, gelbgrauen bis blutigen Durchfall, gesträubtes Gefieder, Appetitlosigkeit und Verfärbung der Kopfhaut aus. Nach Luft schnappend und unter Krämpfen verenden die Hühner innerhalb weniger Stunden oder Tage.

Als Läppchenkrankheit wird die chronische Verlaufsform bezeichnet. Sie ist nicht anzeigepflichtig. Die Kehllappen und Gelenke sind entzündet und angeschwollen.

Behandlung: Heilversuche mit Antibiotika und Sulfonamiden. Prophylaktische Einzeltierbehandlung mit Totimpfstoff.

Weiße Kükenruhr (Pullorum-Krankheit, Salmonella-gallinarum-pullorum-Infektion)

Das Bakterium Salmonella pullorum, eine besondere Salmonellenart, befällt die Hühner und verursacht die Pullorum-Ruhr. Bei Küken bis zum Alter von 14 Tagen nennt man sie Weiße Kükenruhr, wegen des weißen Durchfalls. Latent infizierte Elterntiere übertragen den Erreger über das Ei auf die Küken. Überlebende schlüpfende Küken scheiden die Keime in die Luft aus, wobei sie von anderen Tieren über die Atemwege aufgenommen werden.

Behandlung: Prophylaxe durch natürliche Aufzucht und gründliche Reinigung des Stalles. Chemotherapeutika, verschrieben vom Tierarzt.

Mycoplasmose / Chronische Erkrankung der Luftwege (Chronic Respiratory Disease / CRD)

Dies ist eine weitverbreitete, latent oder chronisch verlaufende Atemwegserkrankung. Erste Anzeichen sind Nasen- und Augenausfluß, Abmagerung, Durchfall; bei schwerem Verlauf kommen Atembeschwerden mit rasselndem Atemgeräusch, Nasennebenhöhlenentzündung, chronische Entzündung der Luftröhre und der Luftsäcke hinzu.

Behandlung: Prophylaxe durch optimale Fütterung und angepaßte Anzahl der Hühner. Bei Verdacht den Tierarzt holen.

Paratyphus (Salmonellen)

Vor allem Küken, aber auch ältere Tiere werden von dieser Krankheit befallen. Die Übertragung erfolgt durch Kot und über andere Zwischenträger wie Futter. Die Tiere sind lustlos, ohne Appetit und haben Durchfall. Der Krankheitsverlauf ist ähnlich wie bei der Weißen Kükenruhr.

Behandlung: Prophylaxe durch Sauberkeit im Stall. Der Tierarzt verabreicht Antibiotika und Sulfonamide.

Geflügeltuberkulose

Die Krankheit tritt bevorzugt bei Beständen mit alten Tieren aufgrund unhygienischer Ställe und Ausläufe auf. Auslöser sind Mykobakterien, die durch den Kot, infiziertes Futter und Wasser übertragen werden.
Infizierte Hühner magern ab und sehen struppig aus. Die Legetätigkeit läßt nach. Es tritt Durchfall auf, und die Tiere gehen lahm. Plötzliche Todesfälle durch innere Blutungen (Leber- und Milzriß).

Behandlung: Bei kleinem Bestand sollten alle Tiere geschlachtet werden. Gründliche Reinigung des Stalles, ein Jahr lang leer stehen lassen. Im Auslauf die oberste Bodenschicht bis auf eine Tiefe von 15 cm abgraben. Direkte Sonneneinstrahlung läßt den Erreger sofort absterben.

Ansteckender Geflügelschnupfen (Coryza)

Der Schnupfen der Hühner ist eine eigenständige Krankheit und darf nicht mit der virusbedingten Infektiösen Laryngotracheitis (ILT), der Infektiösen Bronchitis (IB) und der Mycoplasmose (CRD) verwechselt werden.

Schnupfen und schnupfenähnliche Krankheitsbilder sind nicht selten bei Hühnern. Der ansteckende Hühnerschnupfen ist eine Erkrankung der oberen Atemwege. Augenausfluß mit Entzündungen der Bindehaut, rasselnde Atemgeräusche, Niesen, eitriger und übelriechender Schleim aus den Nasenlöchern sowie zurückgehende Legeleistung sind charakteristische Anzeichen dieser Krankheit, die hauptsächlich im Herbst und Winter auftritt. Viele Ansteckungswege sind möglich.

Voraussetzung für das Auftreten dieser ansteckenden Krankheit ist feuchtwarme, aber auch feuchtkalte Stalluft, einhergehend mit Vitamin-A-Mangel.

Behandlung: Prophylaxe durch saubere, zugluftfreie Ställe. Der Tierarzt verschreibt Antibiotika und Sulfonamide. Für den Genuß von Eiern und Fleisch sind unbedingt die vorgeschriebenen Wartezeiten einzuhalten.

Eileiterentzündungen

Immer wieder treten bei Legehennen auch Entzündungen des Eileiters sowie des Bauchfells auf. Hohe Legeleistungen, schmutzige Legenester, Pickwunden infolge vorgestülpten Eileiters (Kannibalismus) und das Eiergreifen (Fühlen bzw. Tasten nach einem Ei), Kalkmangel und Hahnentritt begünstigen Eileiterentzündungen. Die Infektion wird durch Viren, Coli-Bakterien oder Salmonellen hervorgerufen.

Behandlung: So gut wie nicht möglich. Prophylaxe durch saubere Nester.

Eierstockerkrankungen, Eileitervorfall und Kloakenentzündung

Verletzungen durch Stöße, Schläge und Erschütterungen sind die häufigsten Ursachen; auch als Begleiterscheinungen anderer Erkrankungen vorkommend.

Behandlung: So gut wie nicht heilbar. Prophylaxe durch Hygiene.

Um die Frühsterblichkeit von Küken wegen

Nabel- oder Dottersackinfektion

so gering wie möglich zu halten, ist auf Bruthygiene, optimale Fütterung und Wasserversorgung zu achten sowie für frische und wohltemperierte Stallungen zu sorgen.

6. Erkrankungen durch Pilze

Feuchte Ställe mit ebensolcher Einstreu sowie feuchtes, über längere Zeit liegengebliebenes Futter sind Nährboden für Pilze. Pilzinfektionen können bei einzelnen Tieren auftreten, aber die Infektion kann sich auch über den ganzen Bestand ausbreiten.

Aspergillose (Schimmelpilzinfektion)

Giftige Sporen verschiedener Schimmelpilzarten befallen die Lungen und die Luftsäcke. Sie werden von den Hühnern durch die Atemluft aufgenommen. Vornehmlich erkranken Küken, seltener alte Tiere. Die Krankheit zeigt sich durch Atemnot, hohes Wärmebedürfnis, Lidbindehautentzündung, Schläfrigkeit, Abmagerung, Durchfall. Bei jungen Tieren ist mit Todesfällen zu rechnen. Die Krankheitsdauer schwankt zwischen 4 und 6 Wochen.

Behandlung: Prophylaxe durch trockene Ställe, Einstreu und Futter. Den Tierarzt konsultieren.

Kammgrind (Favus)

Der Favus oder Kammgrind tritt bei Hühnern immer wieder auf. Hauptsächlich werden Kämme, Kehllappen und Ohrscheiben von einem seltenen Pilz (Trichophyten) befallen. Man könnte meinen, sie seien mit Mehl bestreut worden.

Behandlung: Befallene Tiere isolieren. Die betroffenen Stellen mit einer Jod-Glyzerin-Lösung (1:5) bepinseln oder mit Ölsalbe einreiben, die Borken vorsichtig entfernen und erkrankte Stellen mit Jod bepinseln. Man kann die Borken auch mit Schmierseife einreiben und nach ein paar Tagen abheben. Auch den Tierarzt befragen.

7. Erkrankungen durch Parasiten

Wenn die Parasiten im Darm vorkommen, bezeichnet man sie als Endoparasiten. Schmarotzen sie auf der Haut oder im Gefieder, dann handelt es sich um Ektoparasiten.

Ektoparasiten (Außenparasiten)

Bei Hühnern kennt man Milben, Federlinge, Flöhe, Läuse und Zecken. Aber auch Fliegen und Käfer können Krankheiten übertragen.

• **Milben**

Milben (4 Beinpaare; sie gehören zu den Spinnentieren) machen Hühnern sehr zu schaffen. Sie sind Blutsauger und leben in alten, feuchten und dunklen, unsauberen Ställen. Dort sitzen sie in Ritzen, die sie nachts zum Blutsaugen verlassen. Am häufigsten treten die Rote Vogelmilbe und die Kalkbeinmilbe auf.

Rote Vogelmilbe (Dermanyssus gallinae)

Größe: 0,7 x 0,4 mm. Nachts stürzen sie sich förmlich auf die Hühner, um das Blut zu saugen. Blutarmut, allgemeine Konstitutionsschwäche, Nachlassen der Legetätigkeit sind die typischen Anzeichen der Erkrankung.

Vorbeugung/Behandlung: Sitzstangen von Zeit zu Zeit erneuern. Den ganzen Stall säubern und hin und wieder kalken. Gründliches Staubbaden der Hühner.
Vorsicht beim Einsatz von Insektenvertilgungsmitteln: Warnhinweise beachten (wegen des Eierverzehrs).

Kalkbeinmilbe (Kneimidokoptes mutans)

Größe: 0,2–0,5 mm. Sie leben als Grabmilben ständig auf ihrem Wirt. Die Milben graben sich hierbei zwischen den Schuppen der Beine ein. Die Schuppen heben sich mit der Zeit, und es bilden sich grobe Borken. Die Tiere haben Beschwerden beim Gehen.

Vorbeugung: Für einen sauberen, hygienischen und hellen Stall sorgen.

Behandlung: Einreiben der Beine mit Glyzerin, dabei ersticken die Milben. Man kann sie auch mit Schmierseife einweichen und mit fünfprozentiger Sodalösung sowie warmem Wasser abwaschen oder die Ständer in lauwarmes Wasser halten.
Anschließend die Beine mit Kalkbeinsalbe behandeln. Langsam lösen sich dann die Borken.

• **Federlinge**

Es handelt sich um 1–3 mm lange Kerbtiere (Insekten) mit 3 Beinpaaren und beißendem Mundwerkzeug. Sie leben permanent im Gefieder der Hühner und ernähren sich von Hautschuppen und Teilen der Federn. Den Befall mit diesen Tieren erkennt man an den Ansammlungen von Eiern (Nissen) an den Federschäften und hauptsächlich um die Kloake. Die Hühner fühlen sich belästigt und sind unruhig. Die Legeleistung sinkt bei starkem Befall. Das Allgemeinbefinden ist sehr gestört.

Vorbeugung: Auf Sauberkeit im Stall achten. Der Befall mit Federlingen wird durch häufiges Sandbaden verringert.

Behandlung: Den Tierarzt konsultieren.

Sandbaden macht nicht nur Spaß. Wichtig für das Wohlbefinden ist die Pflege des Gefieders und der Haut durch Kratzen mit Fußkrallen und Schnabel sowie ausgiebiges Staub- und Sandbaden. So bekämpfen die Hühner das Ungeziefer, das sich im Gefieder aufhält.

• Flöhe, Läuse, Käfer, Fliegen und Zecken

Diese Außenparasiten sind auch bei der Liebhaber-Hühnerhaltung keine gerngesehenen Gäste. Hautverletzungen und Blutungen sind die Folge. Fliegen, Mehl- und Dungkäfer sind Zwischenwirte für Geflügelbandwürmer. Hühnerflöhe gibt es kaum noch. Alles Ungeziefer sollte gründlich und unverzüglich bekämpft werden.

Vorbeugung: Sauberkeit ist zwingend notwendig.

Endoparasiten (Innenparasiten)

Zu den Endoparasiten zählt man die einzelligen Parasiten (Protozoen) und die Würmer (Helminthen).

• Erkrankungen durch einzellige Parasiten (Protozoen)

Kokzidiose (Rote Kükenruhr)

Sie wird beim Kontakt der Hühner mit Kot durch einzelne Parasiten, die Kokzidien, übertragen. Die Krankheit führt vor allem bei Jungtieren zu Darmentzündungen, in der Hauptsache des Blind- und Dünndarmes. Die Blinddarmkokzidiose befällt bevorzugt 3 bis 8 Wochen alte Küken, deren Kot dann blutig gefärbt ist (Rote Kükenruhr).

Andere Kokzidienarten befallen den Dünndarm von Junghennen. Die Tiere sind matt, magern ab, trocknen aus, haben Schlafsucht, blutige Durchfälle und Darmentzündungen. Nicht selten sterben sie auch.

Vorbeugung: Für saubere Ställe mit lockerer und trockener Einstreu sorgen. Um die Tränken herum darf es nicht naß sein. Der Kot sollte regelmäßig entfernt werden. Multivitaminpräparate mit hohem Vitamin-A-Anteil stärken das Immunsystem.

Behandlung: Infizierte Tiere sofort aus dem Bestand entfernen. Den Tierarzt konsultieren.

Schwarzkopfkrankheit (Blackhead)

Diese Krankheit tritt selten auf. Bei Befall mit dem einzelligen Parasiten Histomonas meleagridis stehen die Hühner lustlos mit struppigem Gefieder umher und magern mit der Zeit ab. Auffällig ist ein schwefelgelber Kot, der, wie auch bei Leber- und Blinddarmentzündungen, durch die Histomonaden verursacht wird.

Vorbeugung: Hygiene bezüglich Futter, Stall und Auslauf.

Behandlung: Den Tierarzt konsultieren.

• Wurmerkrankungen

Wurmbefall bei Hühnern ist in der Regel auf unsaubere Ställe bzw. Ausläufe zurückzuführen. Ein unverkoteter Auslauf und trockene Einstreu sind für Wurmeier kein Medium, in dem sich Larven entwickeln können und schlüpfen.

Der Darm des Geflügels wird von Rundwürmern, wie Spul- und Haarwürmern, Blinddarmwürmern (Pfriemenschwänzen), aber auch von Bandwürmern, die zu den Plattwürmern gehören, befallen. Selten werden Hühner von Luftröhrenwürmern befallen, die ebenfalls Rundwürmer sind.

Bandwürmer (Cestoden)

Der Große Hühnerbandwurm (bis 10 cm lang) braucht zu seiner Entwicklung einen Zwischenwirt (Käfer, Ameisen, Regenwürmer, Gehäuseschnecken). Nacktschnecken übertragen den Kleinen Hühnerbandwurm, der 1–4 mm lang ist. Da diese Würmer meist in feuchter Einstreu und im Freien leben, gilt das Hauptaugenmerk der Beseitigung der Zwischenwirte.
Die Hühner haben Durchfall und magern ab.

Behandlung: Gründliche Reinigung des Stalles und der Umgebung; Wurmkur nach tierärztlicher Verschreibung. Die Mittel sind z. T. sehr giftig; unbedingt Wartezeit beachten.

Spulwürmer (Ascariden)

Sie leben im Dünndarm und schädigen zuweilen die Darmwand. Aufgrund ihrer Länge von 4–7 cm sind die weißlichen Würmer leicht zu erkennen. Bei starkem Befall magern die Hühner ab, haben Durchfall, sind matt und legen weniger Eier. Selten kommt es auch zu Todesfällen.

Vorbeugung: Wechselausläufe und Abtragung des feuchten und verkoteten Bodens.

Behandlung: Wie beim Befall mit dem Bandwurm. Frost und Sonneneinstrahlung töten die Eier ab.

Haarwürmer (Capillarien)

Trotz einer Länge von ca. 0,5–4 cm sind die Haarwürmer, die den Dünndarm besiedeln, mit bloßem Auge kaum zu sehen. Sie schädigen die Schleimhaut, bohren sich in die Darmhaut und saugen Blut. Je nach Art benötigen sie einen Zwischenwirt oder auch nicht.
Das Geflügel leidet bei Befall unter Blutarmut, Durchfall und Abmagerung, Mattigkeit und Lahmheit. Junge Hühner zeigen Wachstumsstörungen. Oft gibt es unter ihnen auch Todesfälle.

Behandlung und Vorbeugung: Wie bei den Spulwürmern.

Blinddarmwürmer / Pfriemenschwänze (Heterakiden)

Sie werden 1–2 cm lang und besiedeln den Blinddarm. Ihr Auftreten ist nicht sehr häufig, am ehesten noch bei Auslaufhaltung. Starker Befall führt zu Abmagerung und Wachstumsstörungen.

Behandlung und Vorbeugung: Wie bei den Spulwürmern.

Luftröhrenwürmer (Syngamus tracheae)

Luftröhrenwürmer treten bei Hühnern selten auf, am ehesten noch in Auslaufhaltung. Die Würmer saugen sich an der Schleimhaut der Luftröhre fest und nehmen Blut auf.
Die Tiere leiden unter Freßunlust, Abmagerung und Atemnot, die bis zum Ersticken führen kann.

Bei Husten gelangen Würmer nach außen, und aus ihren Eiern, die auch über den Kot ausgeschieden werden, entwickeln sich Larven, die direkt oder über einen Zwischenwirt (Regenwurm) wieder aufgenommen werden.

Behandlung und Vorbeugung: Befallene Ställe und Ausläufe desinfizieren und ein Jahr lang nicht mit Jungtieren besetzen. Für genügend Sonnenlicht und Trockenheit ist zu sorgen.
Die Bekämpfung ist nicht leicht, daher den Tierarzt zu Rate ziehen.

8. Stoffwechsel- und Nährstoffmangelerkrankungen

Infolge von falscher, unzulänglicher Ernährung und Bewegungsarmut kommt es zu Stoffwechsel- und Nährstoffmangelerkrankungen. Es ist nicht immer einfach, die typischen Krankheitssymptome schnell und zielsicher zu diagnostizieren. Wer seine Hühner artgemäß füttert und hält sowie seinen Bestand nicht überaltern läßt, wird selten mit Stoffwechselkrankheiten bei seinen Tieren konfrontiert werden.

Als typische Mangelkrankheiten seien folgende genannt:

Vitaminmangelkrankheiten (Avitaminosen)

Vorschriftsmäßige Fütterung mit natürlichem, ausgewogenem Futter, wie bei der Hühnerfütterung beschrieben, verhindert Krankheiten, die auf Vitaminmangel zurückzuführen sind.

Da Vitamine Wirkstoffe sind, die vom Körper nicht oder nur unzureichend gebildet werden, müssen sie Hühnern unbedingt im Futter zugeführt werden.

Vitaminmangelerscheinungen treten häufig dann auf, wenn nur Weizen gefüttert wird oder einseitig nur Haushaltsabfälle, da bekanntlich die Ernährung in vielen Haushalten zu vitaminarm ist.

Vitamin-A-Mangel

Wachstumsstörungen, Atemwegserkrankungen, unvollständige Durchblutung der Kämme.

Vorbeugung und Abhilfe: Ausgewogenes Futter, wasserlösliches Vitamin-A-Konzentrat.

Vitamin-D-Mangel

Symptome von Rachitis (Beinschwäche, Gelenkverbiegungen, Lähmungserscheinungen, verbogenes Rückgrat, Brustbeinverkrümmungen) und eine schlechte Befiederung können schon bei Küken im Alter von 1 bis 2 Wochen auftreten.

Legehennen zeigen Knochenweiche und Knochenbrüchigkeit (auch wegen Kalziummangels).

Vorbeugung und Abhilfe: Ausgewogenes Futter und Sonnenlicht.

Vitamin-E-Mangel

Lähmungserscheinungen, Blutungen, Krämpfe.
Ursache: Verdorbenes tierisches Fett, Fischmehl, zuviel geschroteter Mais.

Abhilfe: Futterwechsel zu ausgewogener Ernährung.

Vitamin-C-Mangel

Tritt selten auf, da der Organismus der Hühner Vitamin C selbst synthetisiert; meist infolge von Hitzestreß.

Abhilfe: Vitamin C ins Futter.

Vitamin-B-Mangel

Lähmungserscheinungen, Verbiegen von Hals und Kopf, Bewegungsstörungen, gestörtes Wachstum, Zehenverkrümmungen.
Ursache: Einseitige Fütterung, zuwenig ungeschältes Getreide.

Abhilfe: Milch, Hefe, ausgewogene Getreideschrotfütterung, Vitamin-B-Präparat.

Vitamin-H-Mangel

Hautschäden an federlosen Stellen des Körpers.

Abhilfe: Hefe, ausgewogenes Futter.

Stoffwechselerkrankungen

Perosis

Auftreten von Störungen des Wachstums, aber auch der Befiederung; aufgetriebene Sprunggelenke.

Als Grund werden zu schnelles Wachstum und Bewegungsmangel angegeben; zusätzlich Manganmangel, Unterversorgung mit Zink und Phosphor, Vitamin E, Cholin und Niazin infolge von Störungen im Stoffwechsel.

Abhilfe: Ausgewogene Fütterung und ausreichend Bewegung in frischer Luft.

Gicht

Sie kann bereits bei kleinen Küken auftreten. Infolge von zuviel eiweißhaltigem Futter kommt es zur Störung der Harnsäureausscheidung durch die Nieren. Zu kaltes und zuwenig Wasser sowie Vitamin-A-Mangel tragen auch dazu bei, daß Harnsäure in inneren Organen und Gelenken abgelagert wird.

Vorbeugung: Ausgewogenes Futter mit ausreichend Vitamin A.

Knochenweiche (Osteomalazie)

Zuwenig Vitamin D_3 und Kalzium sowie allgemeiner Mineralstoffmangel führen zu Lahmheit, Knochenbrüchen, Absinken der Legeleistung, dünnen Eierschalen, hellem Eidotter und sogar zu vermehrten Todesfällen.
Ursache: Ausschließliche Fütterung von Weizenkörnern und Küchenabfällen (in Kleinbeständen).

Abhilfe: Wie bei Perosis.

Fettsucht (Fettleber-Syndrom)

Durch Bewegungsmangel kann es bei der Mehrzahl der Hühnerrassen bei einem Überangebot an energiereichem Futter zu einer Verfettung der Tiere mit Einlagerung von Fett in die Leber kommen. Bei Streß ist dann ein Leberriß möglich.

Abhilfe: Die Zusammensetzung des Futters ändern, die Menge reduzieren. Für mehr Bewegung sorgen.

9. Erkrankungen durch Vergiftungen

Immer wieder kann es bei Hühnern zu Vergiftungen kommen. Es ist wichtig, daß Schädlingsbekämp-fungsmittel, Kunstdünger, gebeiztes Getreide und Desinfektionsmittel getrennt aufgehoben werden. Durch stetiges Belüften und Entmisten des Stalles wird die Konzentration an Ammoniakdämpfen auf ein erträgliches Niveau gesenkt.

Meist treten Vergiftungen durch zufällige Aufnahme pflanzlicher Gifte auf. Hier sind Mutterkorn im Roggen, Schimmelpilze in verdorbenem Futter, grüne Kartoffeln und Kartoffelkeime, die das giftige Solanin enthalten, die möglichen Verursacher.

Es gibt verschiedene Anzeichen, die für eine Vergiftung sprechen: Krämpfe, Würgen, Erbrechen, Atemnot, Beklommenheit, Taumeln.

Es ist besser, einer Vergiftung vorzubeugen, als sich auf eine Heilung zu verlassen, denn diese ist nicht einfach. Meist verenden die Tiere sehr schnell, zumindest wenn eine akute Vergiftung vorliegt. Man kann das tote Huhn auch an ein entsprechendes Untersuchungsinstitut schicken, damit man erfährt, woran das Tier gestorben ist. So kann man verhindern, daß es zu weiteren Vergiftungen kommt.

10. Sonstige Erkrankungen

Blutarmut

Vielfältige Ursachen können Blutarmut hervorrufen: starker Blutverlust, Vitamin-K-Mangel, Befall durch Ungeziefer, Erkrankungen des Magens und des Darmes.

Vorbeugung und Behandlung: Mehr tierisches Eiweiß (Milch, Molke), Vitamine und Spurenelemente.

Brustbeinverkrümmungen

Hervorgerufen durch falsche Ernährung oder Vererbung wie auch durch zu frühes Aufbaumen der Junghennen auf kantigen Sitzstangen.

Vorbeugung und Abhilfe: Ausgewogene Ernährung, entsprechende Zuchtauswahl, Sitzstangen mit abgerundeten Kanten und einer Breite von 5 cm.

Eierfressen

Tritt immer wieder auf, wenn Eier zu Bruch gehen, Hühner diese fressen und sich daran gewöhnen. Kalziummangel begünstigt diese Verhaltensweise.

Abhilfe: Eier häufig einsammeln; ausreichend Nester zur Verfügung stellen. Wenn die Henne vom Eierfressen nicht läßt, muß sie geschlachtet werden.

Verletzungen

Blutung sofort stillen, desinfizieren und das Tier von den übrigen entfernen. Bei schweren Verletzungen sollte das Huhn zum Tierarzt gebracht werden.

Mauser

Die alljährliche Mauser (der Wechsel des Haarkleides) ist ein natürlicher Vorgang und keine Krankheit. In der Regel dauert sie ein paar Wochen, und man sollte sie mit gutem Futter unterstützen: reichlich Grünfutter und tierisches Eiweiß (Molke, Milch). Das Ausfallen von Federn kann seine Ursachen aber auch im Befall der Hühner mit Ungeziefer haben. Wenn die Gockelanzahl im Verhältnis zu den Hennen zu hoch ist, werden diese zu oft getreten und verlieren dadurch ihre Federn.

Eierdefekte, Veränderungen am und im Ei

Eier können in unterschiedlicher Art und Weise von der Norm abweichen: in bezug auf ihr Äußeres, den Geschmack und den Geruch, aber auch bezüglich der Farbe des Eigelbs. Während das normale Ei ein ovales Aussehen hat, gibt es rassenspezifische Unterschiede, von kugelförmig bis langgezogen. Sie können aber auch abgeflacht, nierenförmig oder kantig aussehen. Die Schalen können an einer Stelle dicker sein, an der anderen hingegen dünner als bei einem normalen Ei. Generell sind dünnschalige Eier auf Kalkmangel oder eine gestörte Kalkschalendrüsenfunktion zurückzuführen. Im Kapitel „Die Brut" werden weitere Abnormitäten beschrieben.

Brucheier und Eier mit rauher Schale sind auf Verkalkungsstörungen zurückzuführen.
Wenn ein Ei schlecht riecht, dann weist das auf eine bakterielle Zersetzung hin. Aber auch zu lange Lagerung zersetzt das Eiweiß und läßt das Ei nach Schwefelwasserstoff stinken.

Kropfverstopfungen

Diese können harter, aber auch weicher Natur sein. Man spricht von „weichem Kropf", wenn das Futter in ihm gärt. Ist das Futter schwer verdaulich, so kann sich ein „harter Kropf" ausbilden.

Abhilfe: Kropfinhalt herausmassieren, indem man das Huhn mit dem Kopf nach unten hält. Wenn das nicht hilft, muß der Tierarzt einen Kropfschnitt vornehmen.

Mißbildungen

Es ist nicht einfach, sich eindeutig festzulegen, ob eine Mißbildung auf einen Fütterungsfehler zurückzuführen ist oder ob ein Erbfehler vorliegt. Eine latente oder ausgestandene Infektionskrankheit kann ebenfalls die Ursache dafür sein. Bei äußerer Mißbildung bedarf es eines Fachmannes, um sie eindeutig zu diagnostizieren.

Bauchwassersucht

Im Inneren der Bauchhöhle sammelt sich Wasser an, das den Bauch aufbläht. Die Behandlung führt der Tierarzt durch.

Gelbsucht, Herzerkrankungen, innere Krankheiten

Für deren Diagnose und Therapie ist der Tierarzt der kompetente Fachmann.

Struppfedern

Struppiges Gefieder haben Hühner, wenn sie schlecht gefüttert bzw. gehalten werden. Auch kann es erblich bedingt sein, und zwar durch Inzucht.

Abhilfe: Wechsel des Hahnes. Änderung der Fütterung und Verbesserung der Haltungsbedingungen.

Entzündungen der Bürzeldrüse

Mit Hilfe der von der Bürzeldrüse hergestellten ölhaltigen Flüssigkeit fetten Hühner ihr Gefieder ein. Hin und wieder entzündet sie sich. Eiteransammlungen müssen dann entfernt werden.

Vorbeugung: Auf ausgewogene Fütterung, artgerechte Haltung und Sauberkeit ist zu achten.

Aus tierschutzrechtlichen, aber auch aus ethischen Gründen sind chirurgische Maßnahmen, der besseren Leistung wegen oder aus optischen Gründen, abzulehnen.

In jedem Krankheitsfall sind die Anweisungen des Tierarztes zu befolgen, die in den Beipackzetteln enthaltenen Hinweise zu beachten und die Mittel vor dem Zugriff Unbefugter zu sichern, damit Mißbrauch ausgeschlossen wird. Impfungen sind gemäß gesetzlichen Vorschriften durchzuführen.

In Stroh, dem Getreidekörner beigemischt sind, scharren Hühner besonders gern.

Literatur

Michael Baumeister, Heinz Meyer, Geflügelhaltung als Hobby, Falken Verlag, Niedernhausen/Ts. 1994

Bioland e. V., Bioland Richtlinien, Bioland e. V., Verband für organisch-biologischen Landbau, Mainz 2001

G. H. Brückner, Untersuchungen zur Tiersoziologie, Zeitschrift für Psychologie 128, 1933, 1–110

Demeter-Bund e. V., Erzeugungsrichtlinien für die Anerkennung der Demeter-Qualität, Forschungsring für Biologisch-Dynamische Wirtschaftsweise, Darmstadt 2001

Bruno Düringen, Handbuch der Geflügelzucht, Verlagsbuchhandlung von J. J. Weber, Leipzig 1917

C. Engelmann, So leben Hühner, Tauben, Gänse, Neumann Verlag, Radebeul 1972

Marie-Theres Estermann, Hühner, Gänse, Enten, Verlag Eugen Ulmer, Stuttgart (Hohenheim) 2001

Antje Feldmann, Juliane Kirna, Steffen Weigend, Christel Simantke, Mathias Vogt, Gefährdete Geflügelrassen und alternative Geflügelzüchtung, GEH (Gesellschaft zur Erhaltung alter und gefährdeter Haustierrassen e. V.), Witzenhausen 2000

Detlef W. Fölsch, Auslauf-Haltung für Hühner – Eine Anleitung für Haltung und Stallbau, Eigenverlag, Weiach 1979

Robert Gärtner, Kleintierzucht, Verlagsbuchhandlung Eugen Ulmer, Stuttgart 1925

Martin Haller, Seltene Haus- und Nutztierrassen, Leopold Stocker Verlag, Graz 2000

Paul Kästner, Deutsche Hühnerrassen, 1922

Jürgen E. Lohr, Krankheiten des Nutz- und Ziergeflügels, Buchedition Agrimedia, Holm 1994

Werner Lüthgen, Hühnerkrankheiten, Verlagshaus Reutlingen, Oertel und Spörer, Reutlingen 2000

W. Martin, Rudolf Zeeb, Handbuch der Landwirtschaft, Verlag Eugen Ulmer, Stuttgart 1919

Alfred Mehner, Lehrbuch der Geflügelzucht; Züchtung, Fütterung und Haltung von Hühnern und Puten, Verlag Paul Parey, Hamburg und Berlin 1962

Alfred Mehner, Das Buch vom Huhn, Verlag Eugen Ulmer, Stuttgart 1968

Horst Müller, Der kleine Hühnerhalter, Neumann Verlag, Radebeul und Berlin 1961

Walter Münter, Geflügelställe – Hühner, Gänse, Enten, Puten, Tauben und Ziergeflügel, Landbuch Verlag, Hannover 1991

Jasper Nissen, Enzyklopädie der Pferderassen, Kosmos Verlag, Stuttgart 1998

Beate und Leopold Peitz, Hühnerhalten, Verlag Eugen Ulmer, Stuttgart (Hohenheim) 1987

Erhard Porzig et al., Das Verhalten Landwirtschaftlicher Nutztiere, VEB Deutscher Landwirtschaftsverlag, Berlin 1969

Friedrich Regenstein, Vererbung bei Hühnern und Tauben, Verlagshaus Reutlingen, Oertel und Spörer, Reutlingen 1970

Ludwig Reinhardt, Kulturgeschichte der Nutztiere, Verlag von Ernst Reinhardt, München 1912

Ute Rhein, Der Geflügelhof – Über den täglichen Umgang mit unserem Federvieh, pala Verlag, Schaafheim 1990

Martina Rockstroh, Geflügelhaltung – Hühner, Puten, Gänse, Enten, Albrecht Philler Verlag, Minden 1974

Martina Rockstroh, Geflügelhaltung, Landbuch Verlag, Hannover 1991

Karl Römer, Die Zucht und Pflege des landwirtschaftlichen Nutzgeflügels, Verlagsbuchhandlung von Eugen Ulmer, Stuttgart 1912

Ernst Rübenstrunck jun., Deutsche Hühnerrassen, Verlag von Fritz Pfennigstorff, Berlin 1922

Siegfried Scholtyssek, Die Geflügelzucht-Lehre, Verlag Eugen Ulmer, Stuttgart (Hohenheim) 1962

Siegfried Scholtyssek, Handbuch der Geflügelproduktion, Verlag Eugen Ulmer, Stuttgart 1967

Siegfried Scholtyssek, Die Bewertung von Geflügelfutter, Verlag Eugen Ulmer, Stuttgart 1970

Siegfried Scholtyssek, Paul Doll, Nutz- und Ziergeflügel, Verlag Eugen Ulmer, Stuttgart 1978

Walter Schwarz, Der große Geflügelstandard in Farbe; Band 1, Hühner, Truthühner, Perlhühner; Band 2, Zwerghuhnrassen, Verlagshaus Reutlingen, Oertel und Spörer, Reutlingen 2000

Otfried Siegmann, Kompendium der Geflügelkrankheiten, Verlag Paul Parey, Berlin 1993

Theodor Sperl, Walter Schwarz, Hühnerzucht für jedermann, Verlagshaus Reutlingen, Oertel und Spörer, Reutlingen 1999

Harald Steffahn, Menschlichkeit beginnt beim Tier, Gefährten und Opfer, Kreuz Verlag, Stuttgart 1987

Raimund Tüller, Alternativen in der Geflügelhaltung, Verlag Eugen Ulmer, Stuttgart (Hohenheim) 1999

Wolf-Dietmar und Ursula Unterweger, Glückliche Hühner – Eine Liebeserklärung an das Federvieh, Stürtz Verlag, Würzburg 1992

Lothar Weinmiller, Alfred Mehner, Züchtungslehre für Geflügelzüchter, Verlag Eugen Ulmer, Stuttgart 1950

Georg Wieninger, Die Geflügelzucht für den Kleinbetrieb, Verlag für Landwirtschaft und Gartenbau von Eugen Ulmer, Stuttgart 1920

Rudolf Zeeb, Der kleine Geflügelhalter, Verlagsbuchhandlung Eugen Ulmer, Stuttgart 1946

Dieter E. Zimmer, Hühner – Tiere oder Eiweißmaschinen, Rowohlt Taschenbuchverlag, Reinbek bei Hamburg 1983